郁琴芳

王萍 陆春晔

孙永青
——

著

家校合作新实践丛书　主编 汤林春 郁琴芳

换一种方式说话

亲师沟通的技巧与实战

华东师范大学出版社

图书在版编目(CIP)数据

换一种方式说话：亲师沟通的技巧与实战/郁琴芳等
著.—上海：华东师范大学出版社，2020
(家校合作新实践丛书)
ISBN 978 - 7 - 5760 - 0369 - 7

Ⅰ.①换⋯　Ⅱ.①郁⋯Ⅲ.①学校教育-合作-家庭教育
-研究　Ⅳ.①G459

中国版本图书馆 CIP 数据核字(2020)第 094448 号

家校合作新实践丛书

换一种方式说话：亲师沟通的技巧与实战

著　　者　郁琴芳　王　萍　陆春晔　孙永青
策划编辑　彭呈军
责任编辑　白锋宇
责任校对　张丽洲　时东明
装帧设计　卢晓红

出版发行　华东师范大学出版社
社　　址　上海市中山北路 3663 号　邮编 200062
网　　址　www.ecnupress.com.cn
电　　话　021 - 60821666　行政传真 021 - 62572105
客服电话　021 - 62865537　门市(邮购)电话 021 - 62869887
地　　址　上海市中山北路 3663 号华东师范大学校内先锋路口
网　　店　http://hdsdcbs.tmall.com

印　刷　者　上海展强印刷有限公司
开　　本　787×1092　16 开
印　　张　10.5
字　　数　97 千字
版　　次　2020 年 7 月第 1 版
印　　次　2020 年 7 月第 1 次
书　　号　ISBN 978 - 7 - 5760 - 0369 - 7
定　　价　30.00 元

出版人　王　焰

(如发现本版图书有印订质量问题，请寄回本社客服中心调换或电话 021 - 62865537 联系)

家校合作新实践丛书

丛书编委会

主编：

汤林春　郁琴芳

编委：（以姓氏拼音字母为序）

陈　浩	陈　磊	陈　喆	陈玉华	戴宏娟
冯秋萌	顾微微	胡　诚	黄　静	黄晓雁
李　伟	李筱菡	陆春晔	倪玉美	浦月娟
钱寸草	秦　红	沈　蕾	史国忠	孙永青
汤林春	王　萍	王银花	徐　娟	徐　群
杨　静	杨金凤	叶斓斓	郁琴芳	张　萍
张慧莉	周丽君	周柱君		

目　录

序

　　记得以前读过一位一线教师写的书,其中有一段对教师和家长关系的描写,我至今记忆深刻:教师和家长在孩子成长过程中的关系仿佛是接力赛跑,早上上学时家长把接力棒交给教师,下午放学时教师再交棒给家长,家长和教师是孩子教育接力赛上的好搭档、好伙伴,双方都要尽力,在每次交棒前都要全力以赴,而且也要让交棒和接棒之间扣合完美。如果只是一味地责怪对方不负责任、交接不力,那就很难取得理想的成绩。可见,要真正教育好下一代,家长和教师必须通力合作,并肩同行。如果说,家长参与家校合作更多的是出于关心自己孩子成长的那份舐犊之情,那么对于教师而言,和家长协力教育学生更是一种专业使命。然而要践行这一使命,教师确实面临很多挑战。

　　2019 年的一组区域教师调查数据就显示,超过一半教师认为"家校合作中最主要的困难是家长不重视";很多"85 后""90 后"教师坦陈:害怕与家长交流,更害怕家访。家校合作难在哪? 我想还是难在亲师沟通上。如果说,一位老师班上有 40 位学生,那他/她要面对的可能是 80 位甚至 160 位爸爸妈妈、爷爷奶奶、外公外婆,他们的教育背景、性格特质、职业经历各不相同,沟通难度之大可想而知。有时去学校调研,不时能听到发生在教师身上的亲师矛盾的案例,细究其中缘由,很大程度上是在沟通方面发生了问题。尤其是在这次疫情危机中,教师需要一直和家长保持密切沟通,支持和督促学生在家学习,想必各位教师都对亲师沟通的重要性和困难度有着切身体验。因此,当我拿到这本《换一种方式说话:亲师沟通的技巧与实战》(下文简称《换一种方式说话》)时,第一感觉就是雪中送炭,是为每一位希望做好家校共育工作的教师准备的贴心礼物。

判断一本书的价值有很多标准,但作为一本写给一线教师的书来说,只有做到"有用、易读、发人思考"这三点,才能算是一本好书。我觉得这本书真正做到了这三点。

首先是有用。从沟通之前到过程技巧,再到情绪调节、建设指导,《换一种方式说话》所关注的每一项技巧都是直接回应教师在亲师沟通中的关键问题,直面矛盾提真招,掌握十项技巧足以让教师从容面对不同家长。正是因为郁老师在家校合作、家庭教育领域的长期深耕,对中小学家校共育实践的深入了解,对教师在亲师互动上的困难和问题的同理体验,以及对亲师沟通理论研究的深刻把握,才让本书能以一针见血的方式,逐一点明亲师沟通中的痛点、难点,并用深入浅出的操作技巧来巧妙解决。而这正是一线教师所真正需要的、一本有用的指导书。

其次是易读。虽然形式服务于内容,但好的形式能让内容更贴近于读者,让读者更容易接受。《换一种方式说话》的体例正是能发挥"点睛"之效的好形式,先原则引入,进而案例呈现,再分析提炼,真正做到有论有据、有理有情、有面有点。读来既不会觉得说教意味重而难以细品,也不会陷于琐碎情境而无法抽身。尤其喜欢其中的"反说—正说",其实质是对案例情境的再加工,在错误做法和正确操作的对比中,两相高下读者自解,个中道理不言自明。

最后是发人思考。正如郁老师在导言中所说的"道""术"关系,"道"是理念而"术"为技巧,二者相辅而成。《换一种方式说话》的有用、易读恰恰体现出本书在亲师沟通之"术"上的巧思妙用,而发人思考则是本书在亲师沟通之"道"上的关键。而且,《论语·述而》有云:"举一隅不以三隅反,则不复也。"郁老师通过这本书所展现的,更是对教师创新思考、举一反三的期待。案例语言再好,也不能直接生搬硬套,因此,郁老师始终是以案例的方式来剖析背后的理据,她的多年浸润的理论修行正是本书发人思考的根基所在。这里,我也建议读者不要只是翻翻案例略读而过,而要把案例与前面的理论引入、后续的案例分析整合起来细读,必能收获更多。

苏霍姆林斯基曾说:"教育的效果取决于学校家庭的一致性,如果没有这种一致性,学校的教学、教育就会像纸做的房子一样倒塌下来。"亲师沟通的质量直接决定着家校共育的成效,对学生发展更是意义重大。

希望每一位教师都能从《换一种方式说话》中找到适合自己和家长沟通的方式方法,一起携手,为学生创造美好未来。

北京师范大学教师教育研究所所长

教授、博士生导师 宋萑

于北京师范大学晴雪斋

导言

写给教师
——亲师沟通的"道"与"术"

家校合作,是指学校与家庭为了学生的健康成长而相互支持与互动的过程。从层级上说,家校合作有宏观、中观、微观三个层级。宏观的家校合作更多是国家、区域层面的立法、政策制定或区域顶层设计;中观的家校合作是学校层面以学校管理者为主的实践推动;而微观的家校合作其实就是教师个体与家长个体之间的互动过程。微观层级的家校合作过程绝对离不开教师和家长之间的日常沟通,即本书的主题——"亲师沟通",它是家校合作的基础,也是促进家校之间形成良性合作的重要途径。

亲师沟通对于家校合作的重要性不容置疑,但在教育实践中,亲师沟通的效果往往不尽如人意。《全国家庭教育状况调查报告(2018)》显示:沟通问题深深困扰着教师。在参与调查的班主任中,九成以上教师表示家校之间的沟通存在问题,其中四、八年级的班主任占比分别为 95.6% 和 97.4%。排在前三位的问题包括"家长认为教育孩子主要是学校和老师的责任"、"家长参与沟通的积极性不高"和"与家长教育理念不一致"。① 由上海市教育科

---

① 北京师范大学,中国基础教育质量监测协同创新中心.《全国家庭教育状况调查报告(2018)》发布[J]. 教育学报,2018(5).

学研究院家庭教育研究与指导中心组织的一次上海市家校合作现状调查也表明：虽然家长认为"教师沟通的重点内容"和家长自身"沟通的重点内容"有惊人的相似度——排在前三位的均是"孩子的学习状况"、"孩子的在校纪律、行为规范"和"孩子的个性与人际交往"，排在后三位的均是"孩子的生活习惯"、"孩子的兴趣爱好"和"孩子的身体健康"，但从统计学上看，教师与家长沟通内容的深度之间存在极其显著差异。[①]

　　沟通是人们分享信息、思想和情感的任何过程。[②] 这种过程不仅包含口头语言和书面语言，也包含形体语言、个人的习气和方式、物质环境等。任何人际沟通都是参与者投入和互动的过程。在家校合作中，由于学校组织的公益性及教师职业的专业性，亲师合作和沟通往往由教师主导，因此，教师在亲师沟通中的专业素养和能力技巧显得尤为重要。本书基于家校沟通中的不良现象与问题，选取教师与家长口头言语交流的正反面案例，用对比的方式让教师直观学习亲师沟通的技巧和策略。言语交流是目前教师与家长日常沟通的主要模式，看似平常、微小、琐碎，实则影响深远、意义重大。

一、　教师需要牢记的亲师沟通之"道"

　　道是"知识"，是"理念"，引领着教师开展家校合作、进行亲师沟通的方向。教师只有相信家校合作的作用，充分尊重和信任家长，才有可能实现有

---

① 数据来自郁琴芳：上海市中小学家校合作的现状与问题——基于全市 17 区县大样本数据的调研，上海市教育信息调查队 2013 年度委托调研项目报告，未公开。
② ［美］桑德拉·黑贝尔斯，［美］里查德·威沃尔二世. 有效沟通(第 7 版)［M］. 李业昆，译. 北京：华夏出版社，2005：5.

效的亲师合作。

（一）亲师沟通的五大原则

1. 沟通无"例外"——每一名教师都是亲师沟通者

家校沟通和联系是日常教师与家长建立良好关系的基础，因此我们一直倡导教师"人人都是家校合作者"。但不可否认，学校大部分的沟通工作主要靠班主任教师来落地执行，一些学科教师对于家庭而言往往是隐身的，而家长想要与学科教师直接沟通也相对比较困难。其实，随着网络信息技术的广泛使用，在给予学生充分的学习支持方面，任何学科教师都需要与家长多沟通，针对学生的多样化需求提供更加个别化的教学。

2. 沟通非"小事"——每一次对话都是亲师关系的开始与延续

沟通原理表明，所有的沟通都有过去、现在和将来。在每一次具体的亲师沟通中，无论是教师还是家长，其实都是依据自己的经验、情绪和期望对各种情形做出反应。[①] 当我们非常了解对方时，我们能够以对其过去的了解为基础来预测其将来的行为。比如，某家长主动又热情，乐意为班级同学和其他家长做一些志愿服务工作；而某家长对教师总是不太放心，有时会纠结于很小的细节。家长经过和教师一段时间的接触后，也会对教师的个性特点、语言风格、沟通习惯形成自己的经验判断。教师与家长之间在长久沟通和互动的过程中所形成的关系定位、角色扮演、情感交流，构成了彼此之间每一次微小对话的基础。因此，沟通非"小事"，"功夫在平时"，一些随机的、

---

① ［美］桑德拉·黑贝尔斯，［美］里查德·威沃尔二世. 有效沟通（第 7 版）［M］. 李业昆，译. 北京：华夏出版社，2005：12.

未有预先准备的日常见面沟通都需要教师加以重视，以专业方式加以应对。

3. 沟通贵"情感"——沟通中情感的交流重于问题的解决

传统观点认为，教师找家长是"无事不登三宝殿"，即家校沟通往往是问题模式的，而家长主动找教师，基本也遵循同样的原则，即没有特别情况，家长一般不会去打扰教师的正常工作。其实家校沟通的目的很多元，解决问题只是沟通的目的之一。更为重要的是，沟通是为了家校之间建立伙伴的关系，有效地沟通是为了双方更充分地享受教育生活。家校之间、亲师之间的沟通如何避免流于形式，追求美好且高质量的互动效果呢？沟通原理指明，沟通的有效性不仅在于语言，还在于语音语调、表情动作等能够表达情感、态度的因素。可见，情感关怀是人际沟通的基本要义，教师与家长沟通时需要对家长的情绪状态进行觉察识别，表达关怀。教师一定要牢记，家校沟通围绕的是鲜活的学生个体和各不相同的家庭，即使在处理棘手问题时，也一定要"先处理情绪，再解决问题"。教师要让学生和家长感受到教师真心诚意的关爱，这样才能在沟通交流中赢得家长的情感认同和心理信赖。

4. 沟通要"尊重"——倾听每一位家长的需求

在教育实践中，我们常见一些学校教师依仗教育权威的身份，在态度上对家长缺乏尊重，习惯于对家长"挑错"等。这些斤斤计较的言语行为与不良态度的叠加，既伤害亲师之间的感情，也不利于双方的深入交往与合作。教师对每一位家长，无论其职业身份、文化程度、个性特点等有多么大的差异，都需要保有一颗谦逊、尊重的敬畏之心。教师既需要了解整个家长群体的倾向性需求，也需要格外关注特殊的家庭与家长，能够对家长的特殊需求做提前预判和主动识别。有意识地倾听家长需求，需要教师不仅秉持尊重的态度,更为关键的是要多了解家长的个性特点、家庭状况,在换位思考中理解家长一些善于"明言"与习惯"暗隐"的教育需求。

5. 沟通防"噪音"——环境、偏见和语义都会对沟通造成障碍

沟通原理表明,噪音是阻止个体理解和准确解释信息的障碍。噪音发生在发送者和接收者之间,它有三种形式:外部噪音、内部噪音和语义噪音。[①] 外部噪音主要来自于环境,它阻碍个体听到或者理解信息。内部噪音存在于个体的头脑中,比如当沟通者的思想和情感集中在当前沟通以外的事情上时,会影响沟通者当下的沟通;还有的沟通干扰来自于沟通者自身的信念或者偏见。而沟通中一些语义所引发的情感则会成为语义噪音。总的来说,不管是哪一种噪音,都会对亲师沟通形成障碍。在面对面的亲师沟通情境中,教师和家长共处一个环境,这样的环境可能很安静,也可能很嘈杂;可能给教师带来安全感,却会给家长带来一定的心理压力。来自教师头脑中的对家长的刻板印象、固执看法也会影响每一次谈话。而最干扰沟通的是,双方在言语沟通中对一些语义概念表达的理解分歧,比如"问题"儿童,由于沟通双方对语义概念的不同理解,容易引起沟通者的情绪波动,进而造成沟通的大障碍,影响沟通的效果。

(二)亲师沟通行为的主要特征

1. 事务性互动为主,情感性互动为辅

从言语互动行为开启的动因来看,亲师沟通基本上是教师和家长基于

---

① [美]桑德拉·黑贝尔斯,[美]里查德·威沃尔二世.有效沟通(第 7 版)[M].李业昆,译.北京:华夏出版社,2005:9—11.

自身的某种事务主动展开的,而这些事务则主要围绕学生的学习、生活、生命成长等。为了及时交流学生成长的信息,更好地解决各种问题,教师、家长都会依据他们所承担的角色进行互动交流。沟通的直接动因和核心问题在于追求互动行为的结果而不是过程,过程中双方也有情感的交流,但不占主导地位。美国心理学家贝尔斯(R. F. Beles)认为人与人面对面的交往可以有如下分类(见表1),这同样适用于亲师沟通互动方面。

表 1　群体内互动行为分类①

A	表示支持	1	支持,赞赏,显示亲密
	表示满意	2	表示紧张消除,开玩笑,满足
	表示同意	3	同意,理解,接受
B	给予指令	4	给予指示、建议,允许自律
	给予意见	5	提出观点,评价分析,表达情感、愿望
	给予资料	6	提供、确认信息
C	询问资料	7	请求提供与确认信息
	征询意见	8	请求提供观点,帮助评价、分析、表达
	请求指令	9	寻求建议、知识及行为方向
D	表示异议	10	不同意,消极地拒绝,拒绝帮助
	表示不满	11	拘谨,表示紧张,求援,回避
	表示反对	12	攻击,说人坏话,过度自我防卫

根据表1,我们可以发现在亲师沟通过程中,教师和家长既会出现B或者C的事务性沟通的言语行为,也会表现出A方面积极的情绪情感或者D方面消极的情绪情感。无论是作为主动发起者还是应答者,教师要学会迅速识别出家长对具体事务的实质要求,给予合理回应,同时在沟通中需要注

① 朱赛红. 教师与家长互动关系的研究[D]. 长沙:湖南师范大学,2004:17.

意顾及家长的情绪,不能忽视对方的情感体验。尽管目标是解决事情和问题,但在这个过程中,情绪情感一定会相伴而生,不可罔顾。

2. 相互理解是互动行动的核心,注重言语有效性

哈贝马斯认为沟通行动又称为交往行动,是行动者个人之间的以语言或符号为媒介的互动。相互理解是交往行动的核心,而语言具有特别重要的地位。在哈贝马斯看来,言语的有效性有四大要点:(1)可领会性要求,选择可领会的表达,以便说者和听者之间能够相互理解。(2)真实性要求,提供一个真实陈述的意向。(3)真诚性要求,真诚表达意向以便听者能相信说者的话语。(4)正确性要求,选择一种本身正确的话语,以便听者能够接受。[①] 哈贝马斯提及的言语有效的一般要求,其实对教师与家长的言语沟通来说特别重要。通俗地说,教师需要重视师德规范,表达符合教师身份、职业规范的言语,需要根据家长的特点说家长"听得懂"的专业话,同时在任何的沟通表达过程中,真诚相待,客观表述。

二、 教师需要了解的亲师沟通之"术"

有效沟通是家校之间建立良性联动机制的关键,教师与家长之间的沟通是一门艺术,既需要尊重、真诚的态度情感,又要讲究一定的技巧和策略,才能事半功倍,最终赢得家长的支持与认同。这些技巧、策略就是教师需要

---

① 李娜. 沟通行动理论视角下家校微信沟通问题研究[D]. 大连:辽宁师范大学,2019:8.

了解的沟通之"术"。

人与人之间面对面有效沟通的技巧有很多，后文会罗列一些供教师们参考。教师在运用技巧开展亲师沟通时，需要注意以下内容：

第一，"术"是服务于"道"的，受"道"的领导和指引。任何技巧在正确的"道"的指引下，才能真正发挥效用。教师如果没有确立正确的理念作为行为基础，没有对家长形成基本的尊重和真诚的情感态度，所有的技巧也只不过是用来炫技的雕虫小技而已。

第二，"术"是零碎的、随机的。任何技巧、策略都随具体情境而生而变。脱离具体沟通情境的技巧是死方法，是生硬的技巧，也是毫无操作性和说服力的策略。教师可以去了解和掌握一些技巧，但所有的技巧都需要活学活用，切忌生搬硬套，否则可能弄巧成拙；也不能为了用技巧而技巧，为了某个谈话阶段而刻意为之。任何一次沟通谈话，都应是教师内心理念和谈话技巧融合的过程，甚至很多情境下教师其实不必太拘泥于格式和套路。

表2　面对面沟通的技巧汇总①

闲谈也有力	寻找可能的谈话开启器	孩子的闪光点、进步、荣誉等
	渐入正题	
	过渡的话语	
	别人的故事	与话题有关
主动地倾听	目光交流	适当直视
	点头、微笑、大笑、手势等	
	问一些相关问题，表明你的兴趣	
	做一些陈述，来反映相似的情况	
	让别人把话讲完，不中途打断别人讲话	

① 作者整理汇总并根据亲师沟通特点加以修改，素材来源：[美]苏珊·罗恩. 面对面：怎样搞定一屋人[M]. 孙红，译. 北京：金城出版社，2010.

	着装得体（符合教师职业形象）	
要有备而来	准备谈话内容	
	学会向对方表达尊称	
造句的常识	陈述句是做出一种陈述	陈述事实，不含价值性评判
	疑问句是提出一个问题	慎重使用反问句
	祈使句是发出一个命令	慎重使用祈使句
	感叹句表达的是一种惊讶	赞同、夸奖
常用魔力语	关于问候的魔力用语	您好！
		早上好！
		我可以……吗？
	关于应答的魔力用语	我能为您做点什么吗？
		真是抱歉。
		您能……，真是太好了！
		您一定很满意（高兴……）。
		多亏了您的帮忙！
		非常感谢您的支持！
		让我们一起努力吧！
		您太客气了！
		请原谅，我打断一下。
	关于结束的魔力用语	谢谢您！
		周末愉快！

技巧一

沟通之前，详细准备

　　教师在与家长沟通之前，要做好详细的准备，不打无准备之仗。

　　首先，教师要全方位了解学生的具体情况。例如，教师可以询问其他学科教师该学生在课堂上的表现，或者询问班里其他同学对该学生的印象等，这样做的好处是可以避免因自己对学生的不了解而引发沟通问题。

　　其次，教师还要提前准备相关的专业知识。例如，当要与家长重点沟通学生身上出现的问题时，教师要先了解这个年龄段孩子的身心发展特点，了解学生为什么会出现这样的问题，这些问题可以通过哪些策略加以解决，需要家长怎么配合教师等。教师在沟通过程中不能只是简单地告诉家长孩子存在的问题，而不提出具体的解决方案。教师作为专业人员，在教书育人方面应该要具备专业权威性，否则会导致家长的信任危机。

场景

轩轩忘记带玩具了,情绪低落,不肯睡午觉。放学时,教师和前来接孩子的妈妈交流。

反说

师:今天轩轩又忘记带玩具了,明天记得要带着玩具来幼儿园。

亲:好的,老师,早上出门急,就忘了。

师:孩子每天带玩具这件事是需要家长配合的。

亲:好的,老师。

正说

师：今天轩轩又忘记带玩具来幼儿园了。孩子一开始情绪有些低落，也不肯睡午觉。后来我给她找了一个和家里玩具类似的，她才开心起来。

亲：真是谢谢老师的关心，早上出门有点晚，一着急就把这事给忘了。

师：小班幼儿的情绪不是很稳定，如果能带一个熟悉、喜欢的玩具来陪伴她上幼儿园，这样一定程度上可以缓解她焦虑的情绪。

亲：我们知道了，下次一定提前准备好。

师：有了自己带来的玩具，既可以跟小伙伴一起玩，也可以交换玩，这样一定程度上还能促进孩子的社会交往能力。小班孩子的特点，以自我为中心的占多数，如果光玩别人的玩具，可能会出现轩轩玩不到玩具的情况，她的情绪难免会出现波动的。

亲：好的，老师，以后我们一定重视每天带玩具这件事，让轩轩每天都能和小伙伴们一起开心地玩玩具。

场景

　　最近小亮上课开小差,做作业马虎,成绩直线下降。教师电话联系小亮父亲。

反说

　　师:小亮爸爸,最近小亮上课开小差,做作业马虎,成绩直线下降。

　　亲:老师,我最近出差比较多,他妈妈忙着照顾小宝,没空管他。

　　师:可不能只管小的不管大的。

　　亲:老师,知道了。

正说

师：小亮爸爸，最近你是不是特别忙？或者家里有什么事？

亲：哦！老师，最近我一直出差，他妈妈忙着照顾二宝。怎么了，孩子犯错误了吗？

师：哦，孩子没犯什么错误，就是最近上课有点分心，做作业也比较马虎，我想了解一下家里的情况。

亲：老师，知道了，我会在家好好教育他。

师：小亮一直表现不错，但近期的表现不是很理想，我也找他聊过了，孩子这么做其实是想引起你们的关注和重视。他觉得有了妹妹，大家都关心妹妹，不关心他了。

亲：谢谢老师提醒，最近是有点疏忽了。

师：我也到其他学科老师那里了解了一些情况，老师们普遍觉得小亮最近做什么事情都提不起精神，学习的热情也不高。在这段特殊时期，你们要特别关注一下大宝的情绪和状态，我觉得你们不妨这样试试……

亲：谢谢老师的指导，我知道该怎么做了。

案例三

场景

小李学习习惯差,一连几天不做作业,教师请家长到校沟通。

反说

师:小李妈妈,你儿子又是几天没做作业了,最近的学习表现一塌糊涂。

亲:老师,我不知道他没做作业。我们工作忙,回家比较晚。

师:孩子成绩这么差,你们忙得有意义吗?

亲:他现在叛逆得很,根本不听我们的话。

师:棍棒底下出孝子,不听话总有其他办法的。现在管不住,今后怎么办?!

亲:我让他爸今天回家狠狠打他一顿。

正说

师：小李妈妈，请坐！谢谢您愿意在午休时间来学校。最近小李都没做作业，是不是有什么困难？

亲：老师，我问他做了没有，他说做了。

师：虽然马上升初二了，可孩子毕竟只是孩子，自我控制能力还不足，还是需要我们教师和家长经常提醒和督促的。

亲：现在他叛逆得很，不让我看作业。

师：您看，这是小李的课堂作业，准确率还挺高的，说明孩子对学习内容的掌握不错。但不做家庭作业肯定不行。

亲：他不听我的，嫌我烦，看见他爸，又像老鼠见了猫，但光靠他爸打也没什么用。

师：其实，大部分孩子都是这样的。孩子进入初中后自尊心增强，这是他们自我认识提升的反映，他们渴望得到理解和宽容，害怕被指责、嘲笑。这个阶段的孩子更需要我们家长经常鼓励和帮助他们。我们做家长的都有望子成龙的心情，加上咱孩子马上升初二了，面临升学考试这样的压力，因此我们要多多关心孩子的心理健康，要注意教育孩子的方式方法，只有适合孩子的做法才会事半功倍。首先，我们应该和孩子深入地聊一聊他的奋斗目标，给孩子树立榜样。其次，客观地分析自身的学习现状，寻找差距。接下来找到自身的问题，有则改之，无则加勉。慢慢来，孩子会有进步的。

亲：非常感谢老师，我知道该怎么做了。

案 例 分 析

苏霍姆林斯基说过："若只有学校而没有家庭，或只有家庭而没有学校，都不能单独地承担起塑造人的细致、复杂的任务。"家校沟通的目的是发挥家校合力，从而使教育更有针对性，更具实效性。当学生出现这样或那样的问题时，教师要关注现象背后的原因。在和家长沟通前需要做充分准备，把握学生的年龄特点，了解学生的家庭情况等。只有做好充分准备，家校沟通才能更有实效。

一、备学生，全面了解学生的实际情况

在与家长沟通之前，教师一定要做好"功课"：全方位地了解该学生的实际情况，包括学生行为变化的表面现象及背后原因，重要他人（教师、同学）对他的评价，孩子心理变化的转折点，等等。这样做是为了更好地在家校沟通中给予家长更有效的行为引导和措施指导。

案例二和案例三的"反说"中，教师没有做好前期的准备工作，劈头盖脸地就对家长一顿质问，既无法让家长接受，又没有提出任何实质性的解决方

案。教师只看表面现象就事论事，而并没有设身处地地将学生的整体表现进行客观描述，片面的话语让家长难以接受，所以没沟通几句就让对话戛然而止。没有结果，没有对策，这种没有提前准备的家校沟通不仅起不到良好的效果，甚至会适得其反。同样，案例一的"反说"中，教师只是把带玩具作为任务布置给家长，这也是简单化的操作。教师没有站在学生和家长的角度，更没有对学生的实际情况进行充分了解，这样的家校沟通是苍白无力的。

反观案例二的"正说"，教师在家校沟通前从学生的实际情况出发，与学生谈心，到其他学科教师处深入了解小亮的行为，从不同的角度对学生表现进行了全面客观的了解和分析，所以在与家长的交谈中，让家长觉得教师对孩子是非常关心的。同时，教师客观翔实的描述可帮助家长全面了解孩子在校的实际情况，形成了良好的家校沟通氛围，让家长觉得教师是非常专业的，也就更容易接受教师的提醒，使沟通更具实效性。

二、备家长，传达积极正面的家庭教育观

教师找家长沟通一般都是以解决问题为要义的。如何激发家长和学生的信心及面对困难的勇气，这是积极改变、解决问题的第一步。因此，教师在和家长沟通之前，要先了解家长对待孩子学习的态度和家长的教育理念，适时地给予引导，让家长知道如何配合教师协同教育。

在案例三的"反说"中，家长因不具备专业教育能力，无法解决孩子成长

中突发的问题。教师请家长到校沟通孩子作业未完成情况，一味地批评等于直接把最坏的结果告诉家长，那就是：孩子成绩这么差，各方面都拖后腿。这样的沟通，是教师单方面的责问。家长既怕得罪教师，也会对教师失去信心，觉得教师总是交代孩子出错的问题，而不是在真心帮助自己解决问题。所以，家长在害怕情绪的支配下，除了"狠狠打他一顿"，毫无解决问题的实际策略。

反之，在案例三的"正说"中，教师在沟通前对家长的情况有所了解，知道家长的文化程度不高，因此沟通伊始并没有说破，而是主动询问家长的难处："是不是有什么困难？"之后教师也针对初中生的年龄特点给予家长一些分析，并鼓励家长正视孩子进入初中后的变化："孩子进入初中后自尊心增强，这是他们自我认识提升的反映，他们渴望得到理解和宽容，害怕被指责、嘲笑。这个阶段的孩子更需要我们家长经常鼓励和帮助他们。"

其实，初中阶段是学生身心发展变化最大的阶段。而对于初中生家长，自身的心理变化也是非常巨大的。家长们发现自己的孩子在小学阶段成绩优异，上了初中后学习变得十分吃力。如果家长自身文化程度不高，无法帮助孩子，他们心中难免会十分苦恼，找不到解决问题的办法。在案例三的"正说"中，教师为了消除家长的焦虑，特意拿来了孩子的课堂作业给家长看，通过课堂作业的呈现指出孩子的问题不是不懂，而是学习习惯和学习态度的问题。在整个过程中，可以看出，教师对家长的心理了解充分，这样才有了步步深入的有效沟通和指导。

教师了解家长的接受能力，多给予正面的鼓励和引导，就有机会成为家长和学生之间沟通的桥梁，进而促进家校合作。针对缺乏正确家庭教育理念的家长，教师应耐心地、一步步地指导，让家长茅塞顿开，学到教育孩子的方法。有时，即使教师和家长进行了沟通，也不一定能马上解决孩子的问题。但因为有了他人的接纳、理解，家长就能在一定程度上缓解不安和焦虑的情绪。作为教师，要让家长知道，我们是教育孩子的伙伴，以增进彼此间的信任，进而增强合力，这样对学生的教育和帮助就会更有益了。

三、备自己，不断进行沟通中的换位思考

教师在进行家校沟通时，还要对自己的教育理念、方法和策略等进行准备。有效的家校沟通，需要教师在处理每一件事情前冷静思考，只有平复自己的情绪，才能平复家长的情绪。遇事时，家长往往更无助。所以作为教师，时时刻刻换位思考，把学生看成自己的孩子，这是成功沟通的基石。

案例二呈现的是小学阶段的学生，他们虽然已经进入正式的学习阶段，但自主管理能力还较为欠缺，需要外界的督促。在教育过程中，我们不难发现，一旦家中出现一些突发状况，小学生在作业质量、学习表现等方面就会出现下滑现象。这就提醒我们，当小学生突然在学习生活方面出现不理想的情况时，就要格外留心，认真分析原因，而不是简单处理。案例二的"反说"中，教师对孩子不认真完成作业这件事情的处理方式是直接怪罪家长疏

于管理，而真正好的教育应该如案例二"正说"中的教师一样，从追溯孩子表现下滑的客观因素是什么开始着手，学会冷静思考。案例二"正说"中的教师善于引导家长，从和家长的对话中发现问题，分析原因。唯有通过客观冷静的分析，我们才能找到家校合力的突破口。教师分析原因后，启发家长认识到问题的关键是要加强孩子的主观能动性，如果双管齐下使孩子的内驱力得到提升，那就是成功的教育。教师应理解家长在平衡忙碌工作和孩子管理之间的关系时，并不是不想做好，而是遇到了时间和精力上的冲突，所以教师在提出意见的同时给出合理的建议也是很有必要的。家长也会因此欣然接受教师的建议并在能力范围内尽力配合，以求共同教育好孩子。

沟 通 实 战

场景一

教师所教班级中多次出现了文具用品遗失情况。终于有一次，教师在监控中发现了"作案者"。但该生只承认这次是自己拿的，以前都不是。教师针对这一情况，找到该生的家长，沟通此事。

师：最近你家孩子偷拿了别人的文具用品。

亲：什么？偷别人东西？

师：他还不承认。

亲：老师，我回去好好教育他。

师：这个情况很严重的！你们一定要好好管教，不能再犯。

亲：好。

....

请换一种方式说话

場景二

....

班级中的小 A 同学多动，注意力非常不集中，但家长不重视，认为孩子还小。教师约家长到校沟通。

....

师：你家孩子挺活泼开朗的，大家都挺喜欢他。但是有一个小问题，就是比较好动，注意力容易分散。

亲：老师，我也发现了这个问题。

师：去看过医生吗？

亲：没有，男孩子不调皮不聪明，也许大了就好了。

师：小 A 妈妈，这种情况你要重视起来。

亲：好的。

· ·
请换一种方式说话

描述事实，不做判断

"判断"是指人们对客观事物产生一种肯定或否定的思维形式。所谓"判断"，一定会对事物的情况有所断定，如果既不肯定也不否定，那就只是在描述一个事实。教师与家长进行沟通时要尽量描述事实，而不是对学生做出判断。教师的总结性判断会影响家长对孩子的看法，甚至给孩子贴上问题的标签。

比如，教师可以告诉家长，该学生上课的时候存在开小差、讲话等情况，而不是直接告诉家长"您的孩子自控能力差"。这种判断性的话语会不断地暗示教师、家长乃至学生。逐渐地，家长会在任何情况下，拿出教师曾经的判断话语去批评孩子："你这个都做不好，你就是自控能力差！"最终可能导致学生自我放弃，认为自己"就是自控能力差"。但其实糟糕问题最开始的源头不过就是学生偶尔开小差而已。所以，教师只要告诉家长孩子在学校发生了什么，不要轻易加上自己的主观判断，有时错误的判断比不加判断更加糟糕。

案例一

场景

小晖吃饭很挑食,遇到自己不喜欢吃的就倒掉。小晖妈妈很细心,一有问题就打电话给教师。

反说

亲:昨天中午,我们家小晖吃饭怎么样呀?

师:小晖这孩子,很挑食,经常会把饭倒掉。

亲:可是,我昨天回家问他午饭吃得怎么样,他说,老师把饭倒掉了。

师:怎么可能?这孩子,又在撒谎了。

正说

亲：昨天中午，我们家小晖吃饭怎么样呀？

师：还可以，不过鸡蛋他不愿意吃，一点都没碰。最后没办法，只能让他自己去倒掉了。

亲：嘿嘿，我就说嘛，我回家问他今天饭吃得怎么样，他说，老师把饭倒掉了。我就是不相信，所以打个电话问问老师。

案例二

场景

小宁最近一段时间在课上常跟同学说话,思想不集中,左顾右盼的;有时又显得精神不振,作业情况比较糟糕,有漏做和不交的问题。和孩子谈了之后,了解到过生日时爷爷给他买了一款新手机,做作业时也放在身边,做做玩玩,经常到晚上 12 点。因此,教师将情况反馈给家长。

反说

师:您家孩子最近特别浮躁,上课时自制力特别差。上课的老师批评他,他也很不礼貌。作业情况很糟糕,不能让他养成这种懒惰的性格。跟孩子谈了,他说最近做作业经常到晚上 12 点,我想一定是因为孩子的学习效率比较低,所以提醒您注意孩子的学习效率。

正说

师：您家孩子最近在课上和别人说话次数有点儿多，作业情况也不太好。比如，今天上课时，孩子左顾右盼，我教育多次无效，只好帮他调换座位，对此他也极不情愿。我和孩子谈了，他说最近做作业经常到晚上12点，所以想通过您了解一下孩子在家做作业的情况：是否会约束他用手机？建议和孩子一起制定一个"手机使用公约"，比如先安心做45分钟作业，之后放松10分钟，用手机处理一下相关事情。

案例三

场景

放学前,小君向老师汇报:"老师,我放在书包里的钱包没了。体育活动课前还在,上完课就没有了。听说当时小翔(单亲家庭)、小阳、小宇三人没上课,留在教室里。"这时小闵说:"我钱包里的20元钱也不见了。"老师立即将体育活动课留在教室里的学生留下来调查,结果发现小翔和小阳在教室里翻别人的抽屉,见到水就喝,拿别人的手机玩游戏,将别人的钱包翻开看等。最后小翔承认了小君的钱包是他拿的,但小闵的钱他没拿。

反说

教师打电话给小翔的妈妈……

师:小翔妈妈,今天小翔在学校里拿了同学小君的钱包,这个他承认了。但小闵钱包里的20元也不见了,这个小翔不承认。偷窃是很严重的问题,涉及道德品质问题。如果他还要撒谎,那问题就更严重了。

亲:老师,难道班级里同学少了钱就是小翔拿的吗?

师:拿同学的钱包是一回事,撒谎又是一回事。

亲:既然小翔都承认了小君钱包是他拿的,如果小闵那20元也是他拿的,他为什么不肯承认? 这不能说孩子撒谎吧。

师:小翔妈妈,小翔这是在逃避责任……

亲:老师,你这是对我的孩子有成见,冤枉我家小翔,我明天要找你们校长澄清这件事情……

正说

放学后，教师和小翔妈妈约了时间，上门家访……

师：今天，小君发现自己的钱包不见了。根据他的回忆，体育活动课前还在，课后就不见了。小闵也报告他的 20 元不见了。我调查了这件事，得到的结果是，小翔和小阳在教室内翻别人的抽屉，见到水就喝，拿别人的手机玩游戏，将别人的钱包翻开看，等等。

亲：那还有小阳啊，不一定是我们小翔吧。

师：我也联系了小阳的家长。小阳的妈妈今天正好休息，已经到学校和我进行了沟通。她表示会回家批评教育，同时问清楚事情经过和具体情况，明天再给我反馈。

亲：那我今晚也问问小翔吧。

师：小翔承认了小君的钱包是他拿的。

亲：老师，就算这样，也不能证明小闵的 20 元是我们家小翔拿的吧？

师：我今天来，就是想把整件事情的调查结果和您做个反馈和交流，明天我也会继续了解。小翔愿意面对自己的错误，这一点还是值得肯定的。

亲：好的，老师，我也会对孩子进行批评教育的。如果后续的事情有其他的调查结果，也请您告诉我。

案 例 分 析

教师在工作中，常常会遇到一些家长，他们一般要求很多，言语中充满了对教师的不信任和不放心。其实，这些家长往往对教育有一定的了解，并且对自己的孩子期望很高。这就需要教师更好地观察孩子在校的点点滴滴，客观地向家长进行反馈，描述详尽而具体，不随意进行价值判断。

一、仔细观察，做工作中的有心人

在日常教育教学活动中，教师对孩子若没有细致观察，就会"言之无物"，只能空泛地说"教育经"。为提高交谈的有效性，教师在工作中应做有心人，对孩子的各方面表现要做到"心中有数"。教师要细心观察并记录孩子一天的表现，有任何微小问题可以及时跟家长进行交流。针对学前教育阶段的孩子，教师尤其要关注其吃饭、睡觉、游戏等表现。而对于中小学生来说，学生的课堂表现、作业情况、同学交往等，都是教师关注的重点。

比如，在案例一中，我们能发现教师对孩子的观察有多么重要，只有在孩子的一日活动中细致观察，教师才能发现孩子整个吃饭过程中没有碰过鸡蛋，才能有理有据地回答家长的问题。而且，在回答家长问题时，教师不能习惯于用一句"挺好的"来敷衍了事，而要能够讲出孩子表现的过程和自己的客观评价，这才是家长真正需要的信息。那些常来与教师交流的家长，能够磨炼教师的耐心和责任心。如果我们教师换一种思维，不把家长上门沟通看作是家长找麻烦，而看作是促进自己改进、不断成长的途径，那么这何尝不是一个体验幸福、获得成长的过程？

二、主动沟通，做学生表现的描述者

面对不同类型的家长，教师应该根据家长的特点进行主动沟通，掌握沟通的主动权。比如，对于爱挑剔的家长，教师不能简单地敷衍了事，更不能置之不理或以消极的态度对待，教师应尽量满足家长的要求，主动向家长介绍孩子在校的表现；对于"多事儿"的家长，教师要以一颗平等而细致的心来对待家长的质询，以积极的态度和方法来改变家长的埋怨；对于总是不放心孩子的父母，教师要主动帮助其调整好教子心态，向家长推荐有关家教方面的文章，经常与其交谈。

在案例二中，需要我们注意的是：当学生犯错误时，一定要关注学生的行为本身，而不是直接用"懒惰""不礼貌""自制力差"等词语来评价甚至贬低学生。教师不能笼统地摆出问题，而要用具体的事例支撑自己的陈述。这样家长在和孩子谈话时也有据可依，否则极容易让孩子有一种教师故意"针对自己""贬低自己"的错觉。如果只是处于提出问题的层面，与其说这

是在与家长沟通，不如说这是在向家长告状。也许家长早就发现孩子存在这种问题，只是苦于不知道如何解决。教师这样做除了加重家长的忧虑外，并不能获得更大的成效。当我们处于解决问题的层面，"描述事实"其实就是在帮助学生和家长认识问题，这种沟通方式会更有效。

在案例三中，我们可以感觉到家长有明显的"护犊"行为。究其原因，我们教师可以考虑一下家长自身的家庭结构。家长她本身是单亲家庭，心理比较自卑，怕别人瞧不起她。平时对孩子比较溺爱，对孩子在学校的情况不够了解，并且希望孩子在同学面前、在教师心目中能树立良好的形象，所以不肯正视孩子的缺点。当孩子犯错时，她会护短，而且情绪比较激动。在袒护孩子的同时，也流露出对教师工作的质疑。碰到这种棘手的情况，作为教师应该静下来反思一下自己的教育方法是否有不妥之处。教师应该以关心学生为出发点，与家长保持延续性的接触。平时多与家长联系，让家长觉得尽管孩子有许多问题，但教师依然没有放弃，这样的话，家长会感觉到教师还是非常爱学生的。当碰到案例三的情况时，即使学生回家撒谎，如果有先前的家校沟通的情感基础，家长也会主动站在教师这边的。

当遇到类似案例三这样比较敏感的事件时，建议教师直接上门家访，面对面地与家长进行交流。在沟通中，尽量客观陈述事件的调查结果，尽可能不加入自己的主观判断和猜测推断。对于事件中有多人参与的情况，也要主动让家长知晓教师同时也与其他家长进行了交流和接触，这不是针对一个孩子的单独行动，以缓解家长的压力和本能的抵触情绪。

沟 通 实 战

场景一

教师带幼儿到户外活动，因室内外温差较大，教师要求幼儿穿上外套。飞飞因外套太长，不愿穿。教师看她身上穿得也不少，就同意了。正当教师和幼儿在外面玩得尽兴时，飞飞奶奶来接她了。

亲：老师，我来接飞飞。

（教师没顾上和她说话，只是挥了挥手。）

亲：你们老师真不像话，这么冷的天也不给你穿外套。

师：我提醒过她的，飞飞不愿意穿。

亲：孩子不懂，老师应该明白的呀，不穿外套要着凉的！

师：这外套也太长了，难怪孩子不愿意穿。以后家长要考虑孩子的外套是否适合活动。

亲：这明明是老师没有关心好，怎么又怪起家长选的外套来了，真是的！

请换一种方式说话

场景二

· ·

　　小俊性格内向，平时不爱说话，有时会被班级中的几个调皮学生欺负。这次，他父亲怒气冲冲地走进了教师办公室……

· ·

　　亲：老师，你看看我们小俊的手！被同学弄得青一块、紫一块的……

　　师：小俊太内向了……

　　亲：你是怎么管理学生的，我儿子内向就活该被欺负吗？

　　师：一个巴掌拍不响，小俊有时候暗地里也有些调皮的。

　　亲：老师你这话我就不爱听了，事情明摆着，就是欺负我儿子，怎么就变成我儿子的不是了？

· ·

请换一种方式说话

技巧三
设身处地，有同理心

"同理心"是心理学概念，也被称为同感、共情，指站在他人的立场上，对他人情绪和情感的认知性感知、把握与理解。当然，我们不可能真正地代替别人去感知世界，也不可能完全进入别人的世界。但是，作为教师，当我们站在家长立场去看待问题，了解家长处境时，会让家长体验到被理解、被尊重、被支持的温馨。若在教师这儿获得共鸣，家长会愿意敞开心扉，与教师携手一起解决问题。

正如孔子所说的"己所不欲，勿施于人"，同理心是人际交往的基础，有同理心的人容易获得他人对其人格、态度或价值观方面的信任。若想真正地了解别人，就要学会站在别人的角度看问题，尽量了解并重视他人想法。有同理心的教师，善于倾听、体谅、尊重和宽容家长。当然，有同理心不是指一味地迎合家长。教师越有同理心，家长越信任学校和教师，家校之间才能建立更加亲密的关系。

处于生长阶段的孩子在行为习惯、学习习惯、人际交往等方面都显现出不稳定性，需要家长和教师互相配合。教师在与家长沟通孩子问题时，家长会提出各种客观困难，如工作较忙、夫妻教育观念不一致、祖辈溺爱等，对此教师不能视而不见、听而不闻，也不可强硬批评，而应体谅家长，根据家庭情况作出沟通策略的调整。

案例一

幼儿园

场景

幼儿园组织小朋友到青少年活动中心参加活动,家长不放心孩子一个人入场。

反说

师:小朋友自己上楼,家长不要跟着进来了。

亲:那怎么行,我要看着我孩子进教室的。

师:这是规定,请家长配合。

亲:我觉得这个规定不合理,为什么要配合?

▽
正说

师：小朋友自己上楼，家长不要跟着进来了。

亲：那怎么行，我要看着我孩子进教室的。

师：家长的担忧我们很理解，请家长放心，我们有很多老师和志愿者会将孩子带入活动场地的。

亲：我不能送她上去吗？送她进了教室，我就下来了。

师：家长请放心，电梯内有工作人员会将您的孩子送至指定楼层，每一楼层我们也会有护导员引导孩子走进教室。而且，家长不上楼也是为了给孩子们营造一个安全、和谐的学习环境，请家长理解我们的用心，也感谢您的支持。

亲：好的，谢谢老师，辛苦你们了。

场景

　　学生小李的家庭作业总是少一点漏一点的,教师批评教育了几次,但没有效果。

反说

　　师:最近小李家庭作业的完成情况不是很好,请关注他的作业情况。

　　亲:我和他爸爸下班都很晚,我们到家时他已经睡觉了,都是他奶奶在管,老人比较宠孩子,我们也没办法。

　　师:那你们家长不管的话,小孩子的作业会完成得越来越糟糕的。

　　亲:希望老师好好批评他,让他好好做作业。

正说

师：最近小李家庭作业的完成情况不是很理想。小李妈妈，家里最近是不是有什么事啊？

亲：最近我和他爸爸下班都很晚，我们到家时他已经睡觉了，都是他奶奶在管，老人比较宠孩子，我们也实在没办法。

师：每天都加班一定很累，我理解你们工作的忙碌。不过，对于孩子的学习，虽然有奶奶盯着，但还是需要父母多加关注，希望我们家校一起努力，想想对策，及早帮助孩子。

亲：好的，老师，我一定会和孩子奶奶好好谈谈的。

案例三

场景

体育课上进行篮球运动时,小张同学不小心摔倒了,膝盖处红肿得厉害,校医建议到医院就诊,教师打电话联系家长。

反说

师:小张爸爸,您的孩子在体育课上打篮球的时候摔倒了,校医建议送医院就诊。

亲:到底严重到什么程度? 怎么会发生这种事情,老师上课时难道不看着吗?

师:孩子打篮球时自己摔倒的,这不是老师看不看的问题。

亲:在学校发生的事情,学校难道不要负责吗?

师:家长你要讲道理,孩子自己摔倒的,和学校没关系。

正说

师：小张爸爸，您的孩子在体育课上打篮球的时候摔倒了，校医建议送医院就诊。

亲：到底严重到什么程度？怎么会发生这种事情，老师上课时难道不看着吗？

师：孩子摔伤了，您一定很着急。孩子膝盖处红肿，说很疼，校医已经对摔伤部位做了简单护理，当务之急是先把孩子送到医院诊断治疗。

亲：伤势严重吗？

师：孩子的摔伤部位红肿了，我拍了照片，发您微信了，具体情况如何，我们还是要听医生的专业建议。我想立刻送孩子去××医院，那里骨科比较权威，我们在医院碰头，您觉得可以吗？

亲：好的，我立刻去。

案 例 分 析

一般来说，家长在与教师沟通时，若听到教师反映不良情况，往往第一时间会表明自己的难处或担忧。如果这时候教师对此不做呼应，或者直接生硬地驳斥，那么家长在心理上就会感觉比较有距离感，觉得教师一点都不理解、体谅自己，从而不自觉地产生一种抵触感，致使沟通无法有效进行下去，或至少进行得不顺畅。

建议教师在这种情况下，注意以下几点：

一、在家长表达自己困难的时候，真诚回应，建立良好的沟通基础

案例一中的家长由于孩子比较小，不放心让孩子单独进入一个陌生的地方，这是人之常情。"反说"中的教师冷冰冰地以规定为由阻拦家长，显得毫无人情味；而"正说"中的教师在第一时间体察到了家长的担忧，并告知家长园方已经有充分的预案来确保孩子的安全，将家长的后顾之忧一一打消，因此和家长的沟通也就变得顺畅了。

在案例二的"反说"中，家长对教师说的孩子的学习情况其实并不了解，

所以她第一时间对此进行了解释：父母下班都很晚，平时都是奶奶在管，老人比较宠孩子。而教师却忽略了家长的解释，直接把最坏的结果告诉家长，那就是：如果不管的话，孩子会越来越糟糕的。这样的回应，对于家长来说，不是解决问题，而是对家长的谴责，因此，这位妈妈稍后也用带着情绪的话来回复教师：希望老师好好批评他，让他好好做作业。其实家长是将责任直接又推回给了教师。

在案例二的"正说"中，教师在听到家长的难处后，第一时间给予了温暖的回应：你们上班真的挺累的。言下之意，教师对于父母对孩子缺少关注的情况表示理解，并恰当地把这一观点传递给了家长。此时，沟通的良好基础已形成，因此，家长愉快地接受了教师进一步的要求和建议，并表示还会和奶奶进行沟通。

二、在真诚回应的基础上，合理使用不同层次的同理心，让沟通深入有效

真诚的回应，让沟通处在平等对话的语境之中，让家长更容易产生信任感，从而使沟通能够更深入。心理学知识告诉我们，同理心的表达有两个不同的层次：初层次的同理心是指听着对方的感受和想法并传递回去；高层次的同理心则是不但传递对方的感受和想法，还要帮助对方认识自己未知的或逃避的那一部分自我。因此，在与家长的沟通中，我们可以在适当的时候运用高层次的同理心表达，如在案例三的"正说"中，对于家长的质问，教师没有在意，而是在回复了"孩子摔伤了，您一定很着急"之后又急家长之所急，说"当务之急是先把孩子送到医院诊断治疗"，让家长意识到当下最妥当的做法就是接受教师的建议，以孩子的治疗为先，而不是追究责任。

值得注意的是，在面临家长指责学校工作时，许多教师的第一反应是解释、辩解、责任识别。但是，解释的行为通常得不到家长的及时理解，往往认为教师是在推卸责任。而辩解会将教师和家长的沟通焦点聚集在"谁是谁非"上，一旦沟通涉及区分是非和责任，就容易形成双方对立的局面。在案例三的"反说"中，对于孩子受伤的消息，家长听后一定很着急，因此才会说出"怎么会发生这种事情，老师上课时难道不看着吗"这样的话语。"反说"中的教师听到家长的责备后，急于撇清责任，这样会将沟通主题转移到"孩子受伤到底谁负责"这一话题上，容易引发后续激烈的对抗。

三、表达同理心的核心是以对方呈现的事实和真实想法为根本，不做主观臆断

无论是采用低层次的同理心，还是高层次的同理心，教师始终要掌握一个原则，那就是尊重家长，以家长呈现的事实和真实想法为根本，回应的内容必须以家长反映出来的真实状态为主，而不去随意猜测、否定家长，更不可表现出不相信家长说辞的样子。

沟 通 实 战

场景一

课间休息时,小强因为同桌将他的桌子弄歪了,所以抡起拳头打了同桌一拳。

师:小强今天因为一些小事打了同桌,这影响了班级的正常秩序,非常不好。

亲:我知道他的脾气太暴躁,做事不经大脑,容易冲动。

师:万一出事怎么办?请家长务必回家教育批评。

亲:如果他再这样,老师您就让同学打回去吧。

请换一种方式说话

场景二

开学后,班主任根据身高情况进行了座位调整,小李妈妈到学校找到班主任,要求换座位。

. . . .

亲：老师,小李现在的同桌小周,是班级里有名的差生,我们不想和小周坐,请帮小李换个位子。

师：小李妈妈,班级座位刚刚调整好,您就要换位子,如果大家都提出这样的要求,我们怎么办呢?

亲：别人孩子的同桌没问题,但小周会影响我们小李的,而且他也不喜欢小周。

师：同学之间提倡互帮互助,请家长配合。

亲：如果不给我们换座位,我们就找校长说理去。

师：校长解决不了座位问题。

. . . .

请换一种方式说话

技巧四
正面鼓励，积极表扬

　　心理学家威廉·詹姆斯说："人性最深层的需要就是渴望别人欣赏。"家长也希望能得到教师对其孩子的赞扬，当教师一次次把孩子的不良表现反馈给家长时，会一点点削弱父母对孩子的自豪感和信任感，最后导致家长对自己的孩子失去信心。而当教师和家长都否定孩子时，孩子自然而然地也会否定自己。心理学中有一个吸引力法则，就是当一个人经常想着什么事情时，他的行为、他平时关注的东西、他的思维就会以这样的事为中心。简单来讲，就是人以群分，你是什么样的人，就会吸引什么样的人。当教师和家长认为孩子无药可救时，孩子会深受其影响，可能会成为一个消极悲观的人，而消极悲观的人也会吸引其他消极悲观的人，从而会产生更多的负面体验。所以教师对孩子一生的发展有重大且不可逆的影响，教师应该多用发展的眼光看待学生，经常反馈学生的优点和进步情况给家长，让家长也对自己的孩子投去赞赏的眼光。

　　因此，亲师沟通的重要技巧之一就是"正面鼓励，积极表扬"。面对不同学段的家长和不同的沟通事宜，教师要善于"有事正向看待""有话鼓励着说"。

场景

上幼儿园小班的甜甜几乎每天都会在教室门口和外婆上演一出"生离死别"的戏码。教师经常劝外婆放心离开,可甜甜外婆总是依依不舍,站在教室窗口边久久不离开,或在校园围墙外"驻守"半天。

反说

师:甜甜外婆,小朋友刚上幼儿园,爱哭闹是很正常的,你不要总是一百个不放心。其他小朋友都已经能够做到在校门口和家长说再见,就你们,每天都要送到教室门口,而且小的哭,老的黏。这样既对甜甜不好,也会给别的孩子带来不好的影响。所以我建议近期最好让其他家人来接送孩子上幼儿园。

亲:这不行的,这不行的。这个小囡是我一手带大的,天天跟着我,都没怎么离开过,不来接送,我不放心的。你让我再看会儿……

师:你这样会影响我们上课的,再说你不走,甜甜要是看到你,又要哭个不停了。如果家长们都像你这样,我们还怎么带班……

正说

师：外婆，小丁老师已经帮助甜甜调整好情绪，她和小朋友开始做游戏了，您赶紧回家吧。

亲：老师，我还是不放心，你就让我躲在这里再看一会儿吧。

师：外婆呀，您的心情我很能理解，毕竟是宝宝第一次这么长时间离开您的视线，您的不放心我们看得到。不过，这段时间我们都觉得甜甜的适应力在不断增强，今天早上就哭了一小会儿。您的表现也相当好，昨天看到甜甜离开您去和小伙伴玩积木了，您就赶紧悄悄撤退。甜甜的进步，跟您的努力是分不开的。

亲：是哇，甜甜还是能适应幼儿园的，对吗？！

师：那是，每个宝宝都在长大，都在进步。包括外婆您，也在努力适应甜甜上幼儿园这件事，很不容易呢。

案例二

小学

场景

小蒋仗着自己有体形优势,常常会跟同学有一些肢体接触。这天午餐时,隔壁小李不小心碰到端汤走过的小蒋,使小蒋的汤洒出来了。小蒋二话不说,狠狠地推了小李一把。小李摔倒了,后脑勺撞到桌角,起了个大包,胳臂也撞出了淤青。

反说

师:喂,小蒋爸爸,我有个事要和你讲。你们家孩子把同学推倒了,头上起了大包,手臂也淤青了。前天,他不分青红皂白,扯破了同桌的作业本;上周体育课,抢同学的篮球,弄得体育老师的课堂纪律一团糟……跟他指出问题吧,他就是人家怎么样怎么样,全是人家的问题……你们家长要好好管管。

亲:老师,我家那小子脾气是不大好,我们在家也教育的。不过我觉得很多时候问题不在他,他在学校里被别人欺负,难道不能还手吗?

师:他,被人欺负?!他能不欺负别人就算很好了。你看,今天人家同学也不是故意的,他有必要这么恶狠狠地推人家吗……

亲:老师你这么说,我就不爱听了。一打电话就是一堆我家孩子的问题,就像上午语文老师为了作业问题给我打电话,没一件好事,全是问题。我家孩子难道是个"问题学生"啊?

正说

师：喂，小蒋爸爸，您现在通话方便吗？我想和您聊聊孩子最近的情况，知道您比较忙，这两天不一定有时间来学校，我们先电话聊聊可以吗？

亲：哦，张老师呀，方便的，方便的，您说……

师：这段时间我们小蒋同学上课的参与度有明显进步，开小差时间也少了很多，经常主动帮老师们拿作业本呀，跑个腿呀，很是勤快。作业方面也有改进，数学的错题少了很多，订正也很快，语文家庭作业虽然有时候有遗漏，但字写得比以前端正多了。

亲：是哇，这小子心情好的时候很能做事的，喊啥做啥。哦，今天上午语文老师给我打电话，说了点问题。这个语文作业呢，他一直感到困难，写的字一多，他就嫌麻烦；不像数学，写写数字，他倒是很乐意的。

师：语文是基础，小蒋的思维能力比较强，但是光靠脑子想，不写不练不落笔，学习进步就会比较缓慢。我们做大人的，不能全由着孩子的性子来，就像今天午餐时，小蒋端汤时被隔壁组的小李同学不小心碰到，结果汤洒出来了。小蒋二话不说，顺手推倒了小李，导致小李后脑勺撞到了桌角，头上起了大包，手臂也磕得淤青了。

亲：这小子，怎么就是改不掉暴脾气？不好意思，给您添麻烦了。

案例三

场景

小米老师刚接手新班。在一次语文测试后，她在试卷上看到了小茵爸爸的留言："老师，对于文言文加点词的注释：(1)儿女：子侄辈的年青一代，孩子回答'年青一代'，少了'子侄辈'；(2)欣然：高兴的样子，孩子回答'高兴地'，在文中是通顺的，但没译出'然'字。结果是4分全扣，这似有不妥。从严要求无可厚非，但不至于一点分都不给。这样判分折射出什么样的信号，是更精细化的要求，抑或是严格按照八股文标准来评分？个人意见，当否，供参考。"

反说

师：(有些反感于家长的"指手画脚"，立马在试卷上回复)"高兴地"只是"欣"的意思，"然"的意思没有答出。按中考评分标准，这是不能给分的。另外，感觉您对分数看得有些重了，这对孩子成长不利。

亲：(期中家长会后，直接在微信群里留言)家长会缺少家长之间的沟通，都是教师一言堂，比较失望，没想到名校也就如此，各位不要再唱赞歌，应该反思……

师：(立刻在群中回复)初中阶段已过半，本次家长会的目的是引导家长更好地帮助孩子安排好学习，自然是老师讲得多些。随着孩子年龄增长，青春期问题出现，我们会陆续安排家长座谈会，交流教子心得。

亲：(群里不再发言了，后续的班级活动也不大参加了)

正说

师：（当看到小茵爸爸试卷上的留言后，在当天孩子的回家作业记录本上用工整的笔迹回复）谢谢茵爸留言，您细致地关注孩子的试卷答题情况，并与我交流想法，是对我工作的一种鼓励。初中语文试卷的阅卷方式跟小学是有很大不同的，更加强调回答的精准性，毕竟还是需要考虑如何帮助孩子们切准评判的得分点。孩子们在这方面的薄弱，我也看到了，后续会在试卷分析、习题训练中多强化这方面的技能技巧。看来您也是一位语文爱好者，希望有机会能多来学校，一起聊聊孩子的语文学习。有您这样一位爸爸的认真陪伴，真是小茵的幸福。

师：（看到微信群里出现家长不理解的说法时，可换个角度思考，至少这样的家长是认真听了家长会内容的，也是对学校、班级情况比较关注的，有分歧很正常，需要磨合。可先不急于在微信群里发言，稍过一段时间，看看其他家长在群里的反映，然后再以友好的方式回复）谢谢各位家长对我们班级发展的关注，也提了不少好的意见和建议，我会认真梳理；也希望家长们有时间的话，能多点面谈机会，对学校和班级情况进行现场观察和全面了解。我们家校联动拧成一股绳，一同和孩子再努力奋斗两年，把孩子送上理想的高中。

案 例 分 析

以上三个案例虽然来源于不同学段，但所呈现的核心点都是：亲师沟通有技巧，鼓励表扬不可少。所谓"好孩子是夸出来的"，好家长又何尝不是这样的呢？每一个人都有被肯定的需要，成长中的青少年有需要，家长亦是如此。他们希望得到教师的关注，渴望看到教师肯定自己的孩子，因为这也是在间接肯定自己的教育效果。教师给予的哪怕只是一句肯定的话、一个肯定的眼神或者一抹肯定的笑容，都会给家长们带去信心和激励，引导他们和教师站在同一阵营，帮助孩子克服困难，勇往直前。

一、基于信任的表扬才可信，饱含真诚的鼓励才有力

虽然我们常说表扬和鼓励可以激励身边的人，但这些能量是基于对话者之间的了解和信任的。在与家长沟通前，教师建议多方面、多途径地了解学生家长的情况，如家长的职业特点、性格脾气、亲子沟通的主要方式等，然后根据对方的心理特点、工作特点以及需要沟通的内容等，选择适宜的时间和地点进行沟通；在谈及孩子情况前先作好准备，对孩子各方面的表现多观

察、做备注。通过有心的关注和细致的观察，使教师和家长之间的交流增加融洽度和亲近感。

如案例一中，外孙女第一次上幼儿园产生了较严重的分离焦虑，其实外婆又何尝不是呢？两种"不适应"叠加在一起，再加上外婆的种种不放心，很容易产生沟通障碍。在案例一的"正说"中，当外婆在教师那里逐渐获得信任支持和正向鼓励，再加上每天放学后收到幼儿园度身定制的"宝宝在园信息发布"时，自然会慢慢地将"不放心"放下。相信在教师的努力下，"牛皮糖"般的小宝和"万千不放心"的外婆会很快适应幼儿园生活的。

二、鼓励沟通时的"先表扬后建议"，优先"哪壶先开提哪壶"

俗语说"瘌痢头儿子自家好"，每个家长都希望孩子有出息，在家长的眼里，自己的孩子都是最好、最可爱的，哪怕是教师眼中"最差劲"的孩子，都是家长心中的宝。在与家长沟通时，教师不能一上来就不停数落孩子的不是或缺点，张口闭口都是不好，如案例二"反说"中的教师之言，哪个家长听了都会感到扎心、不舒服的。在负能量的堆积中，两人的沟通怎么会顺利？

其实，教师如果放宽心态，细心观察，从学生身上找几个进步点并不难。在和家长沟通时，教师应将"哪壶先开提哪壶"作为优先原则予以实施，先肯定孩子身上的优点、进步点，然后过渡到需要家长配合改进的问题上。指出缺点或不足时的语气要委婉，从家长心理能接受的角度去引导家长一同分析问题。

当遇到一些固执的或偏激的家长时，不要急于把问题抛给他们，一次沟通不行，就分批分段实施，设计一些策略战术。毕竟学生家长的家庭背景各不相同，让每个家长都全方位地配合支持也是不太现实的。相信每一次沟通都是对我们为人师者的成长考验和经验积累。

三、激发沟通中的正向能量，尝试鼓励话语的"五多五少"

积极心理学倡导要用一种积极的心态来对人的许多心理现象（包括我们常说的许多心理问题）做出新的解读，并以此来激发每个人自身所固有的某些实际的或潜在的积极品质和积极力量，从而使每个人都能顺利地走向属于自己的幸福彼岸。在亲师沟通中，我们倡导以积极的、鼓励的语言进行表达，称之为"正向鼓励五多五少"，即"多说我字句，少说你字句；多说利他句，少说利我句；多说建议句，少说反对句；多赏识理解，少埋怨排斥；多如实陈述，少主观断定"。

以"多说我字句，少说你字句"为例。案例二的"正说"中，教师在换一种说话方式后，可以经常看到这样的话语，"我想和您聊聊孩子最近的情况，知道您比较忙，这两天不一定有时间来学校，我们先电话聊聊可以吗""这段时间我们小蒋同学上课的参与度有明显进步"，等等，让家长感觉很亲切，感到是在同一维度思考着、沟通着。如果教师的话语中，时不时出现"你的孩子总是惹是生非""你们家长的教育怎么样怎么样""我跟你讲……"会很容易把亲师双方放在沟通的对立面，生分了彼此的关系，僵化了沟通的气氛。

再以"多赏识理解，少埋怨排斥"为例。案例三的"正说"中，教师在试卷留言中写道："谢谢茵爸留言，您细致地关注孩子的试卷答题情况，并与我交流想法，是对我工作的一种鼓励。""看来您也是一位语文爱好者，希望有机会能多来学校，一起聊聊孩子的语文学习。有您这样一位爸爸的认真陪伴，真是小茵的幸福。"相信读到此留言的家长多少会感到一丝欢欣，势必会消去原有的不理解。

家长也是需要鼓励的，他们的努力或许没在点子上，或许尝试过而没坚持到底，更或许不知道力气怎么用。教师一个细节的鼓励、一句温暖的表扬，都能给家长注入正能量。积极的、正能量的言语势必会给人带来向前、向上的动能。我们要以尊重、宽容和理解为先，以鼓励和表扬为主，多些"看见"和"听见"，让家长感受到教师对他们言行的关注，对他们育儿困惑的理解和支持。

沟 通 实 战

场景一

近日，学生小彦的父亲反映，小彦的同桌女生小雯最近经常问小彦要钱,十块二十块的,不给就扬言要打他,弄得小彦寝食难安。随后,教师打电话给小雯父亲……

师:小雯爸爸,小雯最近不得了了,竟然在向同桌敲竹杠。

亲:什么? 老师你有没有搞错,不可能吧。

师:同桌家长已经来告状了,你先找孩子聊聊情况,明天跟我讲一下。

亲:女孩子家怎么可以这样,看我怎么收拾她。

请换一种方式说话

场景二

上了初三后,平时比较安分的小超总是有意无意地去招惹女生小安,经常在放学后跟随小安回家,打电话骚扰等,状况不断升级。前些时候,班主任已经就这些问题和小超谈过,当时小超也保证一定会调整状态,管好自己,不再打扰小安。没想到,没过多久,他又开始管不住自己了。

师:小超妈妈,最近你有没有注意到孩子有什么特别情况?

亲:没啥特别变化呀,就是回家比以前晚了,经常会给一位同学打电话，说是问题目。

师：你问过他为什么会晚回来，打电话给谁吗？

亲：孩子大了，都初三了，晚回家也很正常，说不定他在学校学习呢。打电话请教同学问题不是也很正常吗？

请换一种方式说话

技巧五
控制情绪，平缓对话

情绪和情感是指人对客观事物与自身需要之间关系的态度体验，是人脑对客观现实的主观反映，是由某种外在的刺激或内在的身体状况作用所引起的体验。情绪和情感合称为感情。但情绪与情感还是有一定区别的，主要表现为情绪具有情境性和短暂性的特点，具有明显的冲动性和外部表现，情绪一旦发生，强度一般较大，有时会导致个体无法控制。

人是有感情的动物，每个人都会有情绪。生活中的任何人、任何事、任何物，甚至气候的变化都会影响人的情绪。例如，温暖的阳光、清凉的海风、美妙的音乐等会使人心旷神怡；上班路上的堵车、哭闹的孩子、喧哗的会场等会让人感到烦躁；有时重要的考试、当众的发言等会让人感到焦虑紧张。各种情绪不同程度地影响着人们的工作和生活，消极情绪若不适时加以疏导，轻则败坏情致，重则使人走向崩溃；而积极的情绪则会激发人们工作的热情和潜力。因此，教师要学会疏导自己的消极情绪，这有利于身心健康，缓解工作压力。同时，教师在面对家长时，一定要学会控制自己的情绪，以利于家校沟通工作的顺利开展。

案例一

场景

　　幼儿园开展娃娃家活动,馨馨想玩其他小朋友手中的爱莎公主,一把抢过玩具,并动手推了其他小朋友,导致那个小朋友的头磕到了桌子。

反说

　　师:馨爸,馨馨今天打人了!

　　亲:啊? 为什么呀?

　　师:她和小朋友一起玩时经常发生争抢,今天居然还打人了。

　　亲:这是我第一次听到她抢东西啊,老师你是不是搞错了?

　　师:那孩子都受伤了,我怎么可能搞错啊。你赶快来一次幼儿园吧!

　　亲:好吧。

正说

师：馨爸，今天在娃娃家活动时，馨馨想玩别人带的玩具，那个小朋友不给她玩，她就去抢。

亲：我们从来没发现过这种情况呀。

师：其实在幼儿园我发现过几次了。

亲：那你怎么没跟我们说呀，老师你是不是搞错了呀？

师：我和孩子外婆说过，可能老人家觉得这是小事吧。能否说下她在家里的情况呢？

亲：我们工作忙，家里主要是外婆带，外婆做家务时就给她 iPad 看动画片，让她随便看。

师：建议和外婆沟通一下，尽量不要让宝贝自己拿 iPad 看动画片。首先，对孩子的眼睛不好；其次，现在的动画片良莠不齐，小孩子可能喜欢模仿一些暴力行为。今天那个带玩具的小朋友不肯给馨馨玩具，馨馨还推了她一把，所幸只是额头轻轻碰了一下桌子。

亲：那孩子没事吧？

师：孩子没事，我也和她家长沟通过了。但馨馨的这些行为真的要引起重视了，您看，我们是不是好好商量一下，您抽空来一下幼儿园吧！

亲：好的，我尽快过来。麻烦老师了！

案例二

场景

在二年级春游结束后,元元告诉自己的妈妈,两个同学占用了他带的一次性餐布,还不让他使用。在妈妈的追问下,元元说这已经不是第一次受欺负了,于是妈妈第二天来到了学校……

反说

亲:老师,我儿子回来跟我讲,春游时同学占用他的一次性餐布还不让他用,我要亲自找那两个孩子对质,问问他们为什么要欺负人。

师:当时没听孩子这样跟我讲呀……

亲:作为老师,你居然都不知道情况!我要亲自问,这两个小孩上次还把我儿子的文具盒丢到了垃圾桶,欺人太甚了。

师:好,你想问就问吧。

正说

亲：老师，我儿子回来跟我讲，春游时同学占用他的一次性餐布还不让他用，我要亲自找那两个孩子对质，问问他们为什么要欺负人。

师：抱歉，我当时没注意到这情况。

亲：作为老师，你居然都不知道情况！我要亲自问，这两个小孩上次还把我儿子的文具盒丢到了垃圾桶，欺人太甚了。

师：元元妈妈，真不好意思，当时孩子们比较分散，我没能照顾到。我很理解您此刻的心情，您先别着急，现在已经上课了，今天我会抽空去了解一下具体情况。如果是这两个孩子的问题，我一定会公平处理并联系家长共同教育的。

亲：还有上次把我儿子的文具盒丢到垃圾桶的事呢。

师：您放心，我会一并了解情况后再和您联系的。我也会跟元元说在学校有任何问题都可以及时来告诉我，您还是先安心上班去吧。

亲：好，那我就等老师回复了。

案例三

场景

小李已连续几天没戴红领巾,这天进校门时又被值日生记分了,因为此项扣分,导致班级没有拿到本月的流动红旗。

反说

师:小李妈妈,你家孩子今天又没戴红领巾,他到底是怎么回事啊?

亲:我关照过让他要戴好的。

师:这个情况已经屡次出现了,就因为他,我们班这个月没拿到流动红旗,希望你们家长能配合一下,让孩子戴着红领巾来上学。

亲:我知道了,会关照的,但他不听我也没办法。

正说

师：小李妈妈，孩子今天还是没有戴红领巾，是不是红领巾丢了啊？

亲：红领巾有的，早上我还提醒他戴呢！

师：哦，青春期的孩子对形象特别关注，不愿意戴红领巾，大概是认为不好看吧！但一来我希望他能和同学们一样，不搞特殊化；二来红领巾是身份的象征，有利于塑造一个好的精神面貌。您看看我们是不是能一起做做思想工作，让他不要"自我特殊化"。

亲：好的，我会和他沟通的。

师：谢谢家长的配合哦！

案 例 分 析

　　在日常教育教学过程中，对于孩子在校的一些不良表现或突发事件，都需要教师和家长进行沟通，但往往会因为信息的不对等或一方的不知情而导致双方产生不良的情绪。人的情绪虽然主要受皮层下中枢支配，但是当这一部分活动过强时，大脑皮层的高级心智活动，如推理、辨别等将受到抑制，使认知范围缩小，不能正确评价自己行动的意义及后果。也就是说，在情绪发生时，个体会无法控制自己，从而生发一些欠妥的话语或行为。因此，教师在和家长沟通的过程中，要学会控制不良情绪。在情绪的驱动下，人还没有想清楚就开始说话，所得出的结论很可能是主观惯性思维下的产物。例如，当家长气势汹汹地找教师争辩时，不管是不是教师自己的错误，教师都应该控制好自己的情绪，并且及时采取一些措施转移家长的注意力，舒缓家长的激烈情绪，如可以先让家长坐下喝杯水等。教师千万不要因为情绪的驱动，说出一些不符合教师形象的话，导致事情闹得更大。而且，当家长看到教师的态度这么平和时，内心的怒火也会平息一些，这样才能更有利于问题的解决。

一、教师要先调节好自我情绪，心平气和地开始沟通

教师在与家长沟通前，不管事情多么紧急、多么窝火，也要先将自己的情绪调整好，克制自己，表现出教师的职业素养，不能"以气治气"。

在案例一中，因为孩子争抢玩具而导致另一名孩子的头部磕到桌子。幼儿园的孩子娇嫩无比，作为教师，最怕发生园内孩子的伤害事故，当下肯定是又害怕又生气。"反说"中的教师正是带着这种负面情绪打电话给家长的，所以言语比较生硬，让家长觉得不舒服，并提出"你是不是搞错了"的质疑。虽然家长表面上答应到幼儿园，但估计多少也会带着不良情绪而来，可能还会因此与教师发生冲突。

同样，在案例三中，由于孩子不戴红领巾导致班级没有拿到本月的流动红旗，教师心中非常不开心，回想起自己多次教育却一点效果都没有，所以越想越生气，于是拿起电话就向家长抱怨，"反说"中呈现的就是教师的"兴师问罪"。而特立独行、标新立异是青春期孩子想要长大的心理需求，家长和教师的日常式唠叨可能非但不起作用，反而会引发更强的叛逆，所以家长给予教师的反馈是"他不听我也没办法"。这样的沟通是无效的沟通，可能还会激发亲师之间的矛盾。

因此，教师在遇到自己负面情绪迸发的时候，可先通过言语暗示，告诉自己冷静下来，然后给自己十分钟的时间，换一个地方或听一会儿音乐，以

冷却和平息不良情绪。等自己心平气和之后，再开始主动联系家长。

二、安抚家长的情绪，了解家长情绪背后的真实原因

家长群体是个复杂的集合体，具有不同的学习经历、不同的职业背景、不同的生活阅历、不同的性格习惯等，这使得他们对教育的认识、对孩子的教养方式各有差异，与教师的沟通方式也各有特点。因此，不可避免地会有一些家长因为各种各样的问题来找教师"诉委屈""讨说法"。面对这样的家长，教师首先要做的是安抚好家长的情绪，充分表达对家长的理解，并深入了解家长情绪背后的真实原因。

在案例二中，听说自己的孩子在春游时被两个孩子欺负，家长一早就到学校要找那两个孩子当面对质。显然，家长是带着"目的"来学校找说法的，因此情绪比较激动，言语也比较激烈，一定程度上会让教师产生不适感。"反说"中的教师在接待家长时，没有关注到家长的情绪，而是一味地说自己不清楚这件事，而且在被家长抢白了之后，索性同意了家长当面质问其他同学的要求。而在"正说"中，教师很好地察觉到了家长的情绪，先安抚家长不要着急，并向家长致歉，然后再提出合理的处理方式，让家长感受到了信任，很好地避免了一次家校冲突。在这个案例中，家长内心担忧的是孩子比较小，害怕自己的孩子受欺负，更担心在孩子不懂得向教师求助，或者不敢向教师求助的情况下，教师始终对这样的事件一无所知，导致欺凌长期存在。

同时，家长也担心教师是否能公平公正地处理事件。因此，当教师表态将会了解情况，实事求是地处理事件时，家长的怒火就慢慢平息了。

三、避其锋芒，以礼待人，不受家长不良情绪的影响

好情绪可以感染别人，同样，坏情绪也可以传染给别人。当你遇到一个火大的人，可能会变得更火大。心理学中有"踢猫效应"，表明人们的情绪是可以传递或传染的，使我们各自变成对方坏情绪的"替罪羊"和"出气筒"。因此，在沟通的过程中，如果家长言语失当、动作过激，教师千万不能"以牙还牙"，逞一时之快，而应该始终保持理智。教师首先要表示对家长态度的理解，在此基础上，选择时机以协商的口吻再亮出自己的观点。

在案例二中，原本家长就对教师没有发现孩子之间的纠纷而心存不满，因此态度十分强硬，要去找另两个孩子当面问清楚。"反说"中的教师面对家长的咄咄逼人，既没有安抚，也没有好言阻止，反而放任家长去找孩子对质，其实就是被情绪牵着鼻子走而失去了理智。

在案例一的"正说"中，家长在听到教师反映孩子有抢东西的行为时提出了质疑。面对家长的不信任，教师没有纠结于一定要让家长相信自己的话，而是心平气和地告诉家长之前与外婆已沟通过，同时一笔带过这件事，将话题转向平时孩子的教养问题。在家长的情绪稳定之后，再说出馨馨推人的事情，同时告知教师的后续处理及与对方家长的沟通情况，得到了家长

真心的感谢及配合。

四、必要时可以先暂停本次沟通，约定时间再谈

火气上来的时候，一个眼神、一句话都可能成为导火线，所以"三十六计，走为上策"。当察觉到双方或对方已处于情绪失控状态时，教师可以提出暂停本次沟通的建议。暂停可以让双方都冷静下来，反思一下沟通过程中的得失，也可以好好思考一下后续的处理方向。特别是在发生突发事件的时候，由于事件的原因还未调查清楚，过多的口舌之争只会让事情变得越来越棘手，及时的叫停，及时的调查，才有助于更好地进行后续沟通。

在案例二的"正说"中，教师在单方面了解情况后，秉着"没有调查清楚就没有发言权"的原则，及时暂停了本次沟通，承诺家长会在调查清楚事情的真相后再和其进行联系沟通。

沟 通 实 战

场景一

小泽在学校里经常喜欢和女同学开玩笑。今天体育课上跑步时，他伸脚绊了女同学一下，导致那个女同学摔破了皮。教师打电话叫家长到学校

来处理。

....

师：小泽在学校里欺负女同学，使女同学摔破了皮，家长你来一趟吧。

亲：老师，你处理吧！我上班请不了假。

师：不行，他经常欺负女同学，你作为家长一定要管管了。

亲：在学校里发生的事，我们作为家长也没办法。

师：只有家校配合才能将孩子教育好。

亲：老师，他要是不听，你就打过去，没关系的。

....

请换一种方式说话

场景二

....

数学课上，小洪开小差，被数学老师王老师叫起来，让她站了几分钟。放学后小洪告诉妈妈教师体罚，妈妈冲到教师办公室……

....

亲：王老师，你为什么要体罚我们家小洪？

师：我没有体罚啊！

亲：孩子说你让她罚站，这不是体罚是什么？

师：她开小差，站一会儿有什么问题吗？

亲：你居然还有理了，我要找你们校长！

师：请便！

请换一种方式说话

技巧六
自我暴露，建立联结

　　自我暴露又称自我表露和自我开放，是由心理学家杰拉德提出的。每个人都渴望拥有良好的人际关系，在人际交往中，适度的自我暴露可以促进心与心的交流，增加亲切感。自我暴露不是暴露个人隐私，而是在必要的情况下通过坦率地表达个人的感受或展示个人的经验和经历，由此来引导对方打开心扉，建立联结，从而更好地进行深入交谈。

　　在教师与家长的沟通中，教师往往处于主导地位。在心理感觉上，家长大都认为教师是高高在上的，在与教师的谈话中通常会小心翼翼的，仔细斟酌有些话是不是可以说，有些话说到什么程度才合适，因此很多家长会封闭自己，能不说就不说，能少说就少说。

　　如何打破家长的心理压力，让家长说出心里真实的想法？教师的自我暴露就是一种十分有用的沟通技巧。首先，自我暴露可以增进和家长之间的关系，拉近教师与家长之间的心理距离；其次，自我暴露是一种很好的示范，家长会在不知不觉的交心过程中袒露自己内心真实的想法；最后，自我暴露可以帮助家长从不同的视角思考问题，从而反思自己的教育行为。

案例一

场景

　　昊昊刚从外园转到本园的大(一)班,家长申请每天的午睡时间让昊昊自主活动,但教师发现昊昊有时候明明很困乏,可让他去睡,他却怎么也不愿意。

反说

　　师:昊昊妈妈,明天开始让昊昊睡午觉吧。

　　亲:不用了,老师,还是让他自己玩吧。

　　师:我发现昊昊在玩的时候,老是打哈欠呀!

　　亲:没关系的,老师。他从小就这样,习惯了。

　　师:那好吧!那如果他想要睡觉,就让他跟我说哦。

正说

师：昊昊妈妈，明天开始让昊昊睡午觉吧。

亲：不用了，老师，还是让他自己玩吧。

师：我发现昊昊在玩的时候，老是打哈欠呀！

亲：没关系的，老师。他从小就这样，习惯了。

师：昊昊妈妈，睡眠对孩子来说太重要了。我儿子啊，就是因为小时候不肯睡觉，错过了生长激素分泌的最佳时间，所以个头总是比别的孩子矮一点。

亲：老师啊，我也知道，可昊昊他太不让人省心了呀！

师：让人省心就不是小孩子了，有什么您就直说吧！

亲：他老尿床，怕又给新老师添麻烦……

师：没关系的，孩子发育有差异，控制能力也有差异，我们会好好关注的。

亲：真是太感谢老师了……

案例二

场景

小天的父母刚离婚,小天跟着爸爸生活。这几天小天的学习状态非常差,经常不做作业或漏做……

反说

师:小天爸爸,这几天你要多盯盯小天哦,他作业做得比较差!

亲:老师,之前作业都是他妈妈管的,我都不知道该怎么管。

师:不管怎么样,孩子没人管肯定是不行的。

亲:好吧,老师,我尽量。

正说

师：小天爸爸，这几天孩子在家里作业做得怎么样啊？

亲：他都是自己做的，我问他，他都说做好了。

师：孩子现在开始自己独立做作业了啊，真不错！不过可能是因为刚开始，小天的作业还有漏做或不做的情况，麻烦您要盯一下，逐步放手哦。

亲：以前都是他妈妈管作业的，我都不知道该怎么管。

师：您和他妈妈的事，小天告诉我了，其实这几天他情绪挺低落的，家长也要多关注一下呀。

亲：哎，事已至此，我也没办法了，过一段时间应该会好的。

师：小天爸爸，这对孩子来说是一个重要的改变和打击。不瞒您说，我教过的孩子中有不少是单亲家庭的，孩子的走向也有好有差，这主要看家长的疏导和陪伴。小天这孩子，我很喜欢，懂事，但也特别敏感。这段时间最重要的是要让他感受到爸爸妈妈对他的爱不会因为离婚而减少。

亲：真的是太感谢老师了，我一直沉浸在自己的痛苦中，疏忽了孩子……

师：小天爸爸，我们一起努力吧！

案例三

场景

期中考试后,班长小丽向老师提出辞职申请,理由是父母让她一门心思准备高考,于是老师上门进行了家访。

反说

师:小丽家长,你们好,小丽说她不想做班长了,我来听听到底是怎么回事。

亲:是这样的,老师,现在已经高二了,我们觉得小丽需要把时间都花在学习上。

师:但班长是很锻炼人的岗位,你们看小丽能力多强呀!

亲:我们觉得,让其他同学也锻炼锻炼吧!

---▽

正说

师：小丽家长，你们好呀！期中考试结束了，我进行一下例行家访。今天来，主要是要谢谢小丽，谢谢她在平时工作中帮了我不少忙，也要谢谢你们，培养了如此优秀的女儿。

亲：老师客气了，也要谢谢您对小丽的培养啊。不过，我们家长商量过了，接下来小丽就不要再担任班长了，毕竟高考就是明年的事了。

师：是啊，时间过得真快啊。我记得我刚上中学时，同学们民主选举我当文艺委员，我也不愿意，觉得是浪费时间。但因为实在不好意思让老师和同学失望，只好硬着头皮上了，没想到越做越有意思，人也开朗了许多。后来考师范院校面试时，唱歌、跳舞、演讲都表现得落落大方，得了高分呢！

亲：没想到老师还有这样的往事呢。其实我们之前也一直支持她做班干部的，可是这次考试退步太多了，我们害怕呀！

师：我很理解你们的担忧，但一次的考试波动很正常，不要太在意。我会和小丽一起分析，看看问题出在哪儿的。

亲：好的，谢谢老师了。

师：关于班长的事，我征求过小丽的意见，她还是很愿意继续做的。所以，我们还是尊重孩子的意见，再观察一段时间，好吗？

亲：好的。

案 例 分 析

家校之间的沟通无时不在，而且孩子的年龄愈小，沟通的必要性和重要性愈发显现。对于不同学段，沟通时的侧重点会有所不同。幼儿园阶段侧重于幼儿生活习惯的养成，小学阶段侧重于学习习惯的养成，而中学阶段则更侧重于学业成绩，因此在进行自我暴露时，教师一定要依据各年龄阶段孩子的特点及培养目标，选择合适的内容进行暴露，同时在深度、广度和时间上进行合理调控。

一、在使用自我暴露技巧前，教师要充分评估自我暴露的目的

自我暴露通常是在沟通无法很好进行下去时的一种助推方式，自我暴露的内容是在能够促进利益的情况下所表达的自己的感受，必须是对沟通对方有帮助的，而且措辞要合适。

在案例一的"正说"中，教师在面对家长说什么也不愿意让孩子睡午觉的情况时，敏锐地觉察到了家长可能会有难言之隐，所以通过自我暴露——"我儿子啊，就是因为小时候不肯睡觉，错过了生长激素分泌的最佳时间，所以

个头总是比别的孩子矮一点"——拉近和家长之间的距离，并让家长感觉到教师是非常真诚地希望孩子能够健康成长。这一点准确地打动了家长，并让她说出了实话："他老尿床，怕又给新老师添麻烦……"教师以妈妈的身份进行个人经验的自我暴露，比较容易快速取得年轻家长的信任和理解。

在案例二的"正说"中，面对刚离婚、对孩子束手无策的家长，教师用自己从教多年的经验告诉他，孩子在这一重大变化中更需要家长的疏导和陪伴，一下子点醒了沉浸在自身痛苦遭遇中的爸爸，为之后的家校合作奠定了良好的基础。

在案例三的"正说"中，教师非常机智地向不同意孩子担任班长职务的家长分享了自己的成长经历——自己中学时期做班干部的意外收获，自然圆满地解开了家长心中对于孩子学业与能力之间矛盾的纠结。

二、合理评估家长的情况，以确定是否能通过教师的自我暴露来增进其自身领悟

自我暴露的最终目的是促进家长从不同的视角去看待问题，从而反思自己的教育行为。因此，家长的教养方式、个人特质都是教师考虑是否采取自我暴露技术的重要因素。在上述案例的"正说"中，教师都是在分析了家长的情况后，根据实际情况展开了符合家长心理需求的自我暴露，取得了很好的效果。

在案例二的"正说"中，家长在和教师沟通时一开始比较消极，教师看出了刚遭受婚姻失败打击的爸爸在实际生活中的无奈，由此判断出爸爸并非想要推脱责任，而真的是由于之前孩子学习都是妈妈管的，他一时之间有些无所适从。因此，教师用自己在职业生涯中教育其他孩子的情况来进行自我暴露，让家长在比较中感悟，逐渐意识到自己也需要承担起父亲的责任。

在案例三的"正说"中，教师在沟通中洞察了家长的担忧，即怕担任班干部影响孩子的高考。因此，教师进行合理评估后，通过自己担任班干部非但没有影响学业，反而在考试时因为职务锻炼带来的优势在面试中得到了高分这一自身经验的暴露，达到让家长自我反思、自我衡量的效果。

三、掌握好自我暴露的时机和边界

什么时候采用自我暴露很重要，如果在和家长的沟通中没有达到互相信任，那么使用自我暴露的技术并无益处，甚至有反效果。过早的、莫名其妙的自我暴露，会让家长感到困惑，不知如何应对。

在案例三中，如果教师在家访的第一时间就将自己中学时担任文艺委员的经历和家长诉说，非但不能引起家长的共鸣，反而会让家长觉得教师的登门家访只有一个目的，那就是劝说家长同意其女儿继续担任班长职务，这样直白、不合时宜的自我暴露会让家长反感，让事情再无转圜的余地。在

"正说"中，教师告诉家长："期中考试结束了，我进行一下例行家访。今天来，主要是要谢谢小丽，谢谢她在平时工作中帮了我不少忙，也要谢谢你们，培养了如此优秀的女儿。"这样的开场白让家长感到不突兀并且暖心，家长也就自然而然地说出了真实想法："接下来小丽就不要再担任班长了，毕竟高考就是明年的事了。"其实在这个时候，教师已经明白家长不让孩子担任班长的原因是害怕班务工作会分散其学习精力，影响考试成绩。但教师并没有简单地劝说或否定，而是用自己的亲身经历进行了自我暴露："我记得我刚上中学时，同学们民主选举我当文艺委员，我也不愿意，觉得是浪费时间。但因为实在不好意思让老师和同学失望，只好硬着头皮上了，没想到越做越有意思，人也开朗了许多。后来考师范院校面试时，唱歌、跳舞、演讲都表现得落落大方，得了高分呢！"教师用自己的真实经历告诉家长，做班长和高考取得高分并不冲突，是可以兼得的。因此，当教师建议继续让孩子试试的时候，家长也愉快地接受了。

需要注意的是，教师在使用自我暴露的时候一定要注意边界，一定不要在沟通中出现与沟通内容无关、涉及个人或他人隐私、需要保密的内容。另外，我们要记住在与家长沟通过程中，平等很重要，自我暴露的时间不宜过长，不要太以自我为中心，一个人在那儿夸夸其谈而忽略了家长的感受，引起家长的不适。

同时，教师也要学会在沟通的过程中及时评估自我暴露的有效性，如果家长感到不舒服或不喜欢，那么最好就不要再使用这一技巧了。

沟通实战

场景一

幼儿园开放日，小朋友们都在帮忙摆放运动器具，小宇却把脚踩进了放衣物的篮筐中。

师：小宇妈妈，你看，小宇在幼儿园就经常干一些这样的事。

亲：他就是皮，在家他倒是很爱看书的。

师：小宇妈妈，他这样不好，其他小朋友也都有意见了。

亲：小孩子不懂事呀，等他大一点就好了。

请换一种方式说话

场景二

孩子作业情况不佳，教师通过和家长沟通，得知家长因为孩子不好好做作业，经常打他。

- -

师：小亮爸爸，今天小亮作业又没有完成。

亲：是吗？小赤佬①，今天回去揍他。

师：打是解决不了问题的呀。

亲：老师，你是不知道，这孩子皮厚得不得了，打一顿好两天，不打不行啊！

- -

请换一种方式说话

---

① 上海方言，意思是"小鬼"。

技巧七
巧用重复,加深理解

　　人际关系高手为了让对方更为信任自己,常会用对方说过的话语来做回应,这往往让双方都有惊喜。重复对方的话,也叫"趋同行为",其核心是模仿,是人类的另一种神经活动。重复的作用非常神奇,使用重复的方法来鼓励对方,可以强调对方和你的联系。通过让对方持续说话,你可以赢得时间重组语言,同时也可以用这种方法促使对方透露心中的真实想法。^①很多人都有这样的错误观念,认为总是重复对方的话显得自己比较啰唆,容易引发他人的不满,事实并非如此。恰到好处的重复,能让对方认为你很重视这次谈话,能够抓住谈话的重点。

　　教师在沟通时引用家长所说的话,会引起家长对教师的重视以及内心的愉悦感。当教师重复家长的话并做出相应的总结时,可加深双方对谈话内容的了解。若家长说出一些不讲道理的话,教师可以重复并询问家长"您刚才说的是我理解的这个意思吗",当家长听到教师讲出自己脱口而出的不合逻辑或不合道德的话,多少会意识到自己的错误。当教师希望家长能重视自己说的话时,也可以重复自己的言论,这样强化重点,让家长有更深刻的印象。

---

① 〔美〕克里斯·沃斯,塔尔·拉兹. 掌控谈话[M]. 赵坤,译. 北京:北京联合出版公司,2018:34.

案例一

场景

萱萱吃饭特别慢,放学时,教师和前来接孩子的妈妈交流。

反说

师:今天萱萱吃饭又吃到十二点半,是最后一位了,你们在家要多加督促。

亲:哎呦,我们家宝宝在家吃饭挺好的呀,都能在三刻钟内全部吃完。

师:学校里孩子们的午饭十一点开始,如需三刻钟的话,宝宝应该十一点三刻就吃完了呀。

亲:我们也不知道怎么回事,反正在家里吃得蛮好的呀。

正说

师：萱萱妈妈，最近萱萱在学校里吃饭较以往有进步，今天全部吃完了，看来妈妈在家也关注到宝宝的进餐情况了。

亲：谢谢老师的鼓励哦，我们会继续努力的。

师：嗯，不过啊，虽然她今天全部吃完了，但速度还是太慢了。

亲：哎呦，我们家宝宝在家吃饭挺好的呀，都能在三刻钟内全部吃完。

师：三刻钟？45分钟吗？

亲：是呀，45分钟她就能吃完了。

师：天气冷，我们为宝宝们准备的饭菜容易冷掉，速度太慢的话，就怕吃了不舒服。

亲：其实吧，老师您不知道啊，我婆婆就怕她吃得慢，饭菜会冷掉，现在在家每顿还是会喂。

师：也就是说，萱萱在奶奶喂饭的情况下，需要用45分钟吃完饭？

亲：是啊，有时奶奶还要重新热一下饭……

师：热饭啊！

亲：这么一说，萱萱是吃得太慢了，幼儿园里不可能边吃边热的，那怎么办啊，老师？

师：您也别太着急，萱萱吃饭问题总归能解决的。首先，对于奶奶"喂"的这个习惯，可以先和老人沟通一下，放一放；其次，我建议在家里逐步放手，让萱萱自己动手吃饭，当她能够独立吃完自己一份饭时就给予充分的肯定与表扬，让萱萱喜欢上自己动手吃饭这件事。有了喜欢，自己动手还怕速度慢吗？您说是吧。

亲：好的，谢谢老师哦，争取第一时间解决问题。

案例二

场景

放学了,班主任例行检查班级卫生情况,发现小浩在做作业,而他的奶奶在帮他做值日工作。

反说

师:小浩奶奶,您别帮孩子扫地!

亲:老师,他扫得慢,扫不干净! 还不如让他做会儿作业呢。

师:扫不干净您也不能代他扫呀,让他自己扫!

亲:不管谁扫的,只要教室干净不就得了。

正说

师：呀！小浩奶奶，您怎么在给我们扫地呀！

亲：我帮小浩扫，他太慢了，还扫不干净。

师：谢谢您呀！

亲：这孩子其他都很好，就是动手能力太差了。

师：您是指他生活技能差吗？

亲：是呀，在家里衣来伸手、饭来张口，什么事都不会做！

师：上次我发现他鞋带松了，就一直拖在地上。

亲：对啊，在家里都是我帮他系的，我让他妈妈给他买没有鞋带的鞋子，省得麻烦老师。

师：不会的，小浩奶奶，上次我发现他不会系鞋带以后，就让他同桌教会了他，他现在系得可好了。不信，您让他试试。

亲：真的吗？

师：真的，您看他的桌肚书包也比之前整齐多了。不过，和其他小朋友相比还是有点差距的。现在他已经三年级了，大人可不能什么都帮他做，否则他就真的长不大了！您说是吧，奶奶，让他锻炼锻炼吧！

亲：好的好的，来，小浩，奶奶教你怎么扫！

案例三

场景

英语期中考试,监考老师发现小宇使用手机作弊,班主任请家长到校沟通交流。

反说

师:小宇妈妈,这次期中英语考试,小宇同学作弊了,这件事情很严重。

亲:这个孩子平时胆子很小的,怎么敢作弊,这是真的吗?

师:当然是真的,他是用手机作弊的,被监考老师当场抓住了。

亲:我回去肯定狠狠教训他,真是丢死人了!

正说

师：小宇妈妈，今天请您到学校里来，是想和您交流一下小宇同学近阶段的学习情况。

亲：老师，是不是他这次期中考试考得很不好啊？

师：期中考试分数还没有统计出来呢，其实小宇同学在考前的复习阶段还是很认真的。

亲：我天天盯着他复习，还给他买了好多教辅材料！

师：天天啊，小宇妈妈很负责啊！

亲：没办法呀，小宇基础差，再不好好逼一逼，真的要考不上××高中了。

师：××高中？这个学校是不错，不过分数也是蛮高的。

亲：是呀，所以我现在规定小宇每天要完成一套模拟卷。这次期中考试有进步的话，就两天做一套，退步的话，那就加倍。

师：加倍？看来小宇的压力很大啊。

亲：这个时候是要有压力了，不然整天只知道玩。

师：其实，看得出小宇最近的压力真的蛮大的，他自己挺要求上进，妈妈也给了他很大压力。今天，我想和您说件事，可能也和这有关。在这次英语考试中，小宇偷偷拿出手机，想要作弊。

亲：不可能的，小宇胆子很小的。

师：是啊，小宇的胆子是很小。可他更害怕考不好，可能他觉得考不好的后果更可怕吧。

亲：哎，这孩子，怎么能这样呢！

师：小宇妈妈，其实欲速则不达，他现在缺的就是信心和时间。

亲：是啊，心急吃不了热豆腐，我也要反思反思自己……

案 例 分 析

教师在与家长交谈的过程中，适当重复对方的话，既可以增强自己的理解程度，体现出对对方的尊重，也可以对问题和结果进行强化，激发对方谈话的兴趣，增进沟通的深度。

一、适时重复对方说话的重点，让家长感受到被重视和理解

大部分人都对自己的语言有一种特殊的感情，尤其是在某些情况下经过深思熟虑之后的发言。在教师和家长的沟通过程中，家长非常渴望自己的一些做法能得到教师的认同，如果这个时候教师对家长的话不以为然或者不加重视，就很难产生同一"战壕"的"战友"的感觉。相反，家长还可能会把教师纳入"道不同不相为谋"的陌生人范畴。因此，在这个过程中，可以一边点头表示自己同意，一边适当重复对方的话，这样就能让对方感觉受到了重视，从而拉近你们的距离，不由自主地将心里话说给你听，将你当作朋友来对待。

在三个案例中，教师都采用了适当重复的方法，使沟通能顺畅进行。特别是案例三的"正说"中，家长表示自己天天盯着孩子复习，自认为是一个非

常负责任的家长，这个时候教师适时地重复了"天天"这两个字，并配以表扬"小宇妈妈很负责啊"，对家长的行为进行肯定和赞赏，一下子拉近了教师和家长之间的距离，所以家长开始了和教师比较深入的交流，并将内心深处的焦虑和紧张都一一坦陈。如果这个时候，教师用"天天盯着孩子会让孩子感到压力大"这样的语句来回复，肯定会让良好的沟通氛围一扫而光。

二、抓住时机，采用反问性重复，激发家长的思考与内省

重复技巧的使用，并不仅仅是简单地重复对方说过的话，如能抓住对方话语中的核心词语进行反问，不但表示自己在很认真地倾听，同时也给予了对方提示：这个词语的意思是我所理解的这样吗？这样可以促进对方进行思考：这个我一直认为正确的观点，是否真的正确无疑？进而引发对方更深层次的反思与进一步表达的欲望。

在案例一的"正说"中，当教师向家长反馈孩子吃饭速度比较慢时，家长的第一反应是："我们家宝宝在家吃饭挺好的呀，都能在三刻钟内全部吃完。"家长一点都没有意识到孩子吃饭要花 45 分钟是属于吃饭很慢的范畴。此时，教师第一次采用重复，强调了孩子的吃饭时间为 45 分钟。第二次重复是在家长说孩子在家是奶奶喂饭吃的，教师对家长的话进行了总结："也就是说，萱萱在奶奶喂饭的情况下，需要用 45 分钟吃完饭？"这里第二次提出 45 分钟这个时间概念，而且用的是疑问句。其实在两次重复时间之后，家长已经开始意识到问题了，并且带出了新的信息——"有时奶奶还要重新热一下饭"。这个时候，教师"乘胜追击"，进行了第三次重复："热饭啊!"至此，家长已经完全意识到了孩子吃饭问题的主要症结，所以在之后教师提出解决方法后，家长非常愉快地接受了。

在案例二的"正说"中，教师只使用了一次重复，但却不是简单地重复家长的话语，而是一针见血地根据奶奶的陈述总结出了孩子现阶段最大的问题：生活技能极度缺乏。同时，教师采用了反问的方式来重复奶奶自己提出的观点，引发奶奶的一系列陈述与思考，最终非常迅速地解决了奶奶过度包办的不良教养方式。

在案例三的"正说"中，教师共使用了三次重复，其中前两次使用了反问性重复的技巧。一次是在家长说"没办法呀，小宇基础差，再不好好逼一逼，真的要考不上××高中了"时，教师进行了反问："××高中?"同时亮出了自己的观点："这个学校是不错，不过分数也是蛮高的。"以引出家长的倾诉欲望，了解家长近阶段的做法及想法。另外一次重复是在家长说"这次期中考试有进步的话，就两天做一套，退步的话，那就加倍"的时候，教师抓住了话中的关键信息——"加倍"（也是导致小宇压力大、铤而走险的主要原因）二字——进行了反问。其实这个时候的反问已经让家长感觉到了自己的做法可能给孩子带来了很大的压力，所以教师选择在这个时候说出此次沟通的主要目的，那就是解决小宇考试作弊的问题。在这一阶段，教师通过简单重复家长的话语"小宇的胆子是很小"，让家长进一步反思：为什么胆子很小的孩子会做出作弊的行为？

三、重复要适量，否则会让家长感到教师的敷衍和无主见

虽然重复在沟通中会有意想不到的作用，但重复技巧的使用要适量。如果教师一味地重复家长的语言，势必会影响自己观点的表达，而且频繁的重复会让家长以为你没有认真倾听，而是在敷衍。因此，适量的重复外加适时的总结和提炼，才可以让沟通更加顺畅。综观上述三个案例中的"正说"，教师都是在重复的基础上，提出最精到的总结与建议，显现出了高度的专业性，因此亲师双方的沟通才能达到令双方都满意的效果。

沟 通 实 战

场景一

天天在学校里比较自由散漫，上课时不想听了就会跑到教室外面玩；做广播操或集会时，常常会一个人脱离队伍。今天的英语课上，他又一个人偷偷溜了出去，教师和同学找了他一个多小时，才在校园的绿化带中找到他。因此，班主任决定给家长打个电话。

师：天天妈妈，今天上课时，天天又跑到教室外面去了，我们找了一个多小时才找到他。

亲：啊，是吗？他跑到哪里去了啊？

师：他躲在绿化带里看毛毛虫呢！

亲：他喜欢生物，回家也是天天和邻居小朋友看这些小动物。我觉得要尊重小孩子的兴趣爱好，释放天性嘛！

请换一种方式说话

场景二

小云母亲非常强势，规定小云必须要考进班级前五名，并且不能有任何娱乐活动。对此，小云苦恼不堪，最近放学后都不愿意马上回家，总是要磨蹭到教室锁门才走。教师决定进行一次家访。

师：小云妈妈，小云最近不大开心，希望家长多关心一下。

亲：她有什么不开心的，我好吃好喝地伺候着她。你看这次考试，她只考了第八名。

师：是不是考试没考好，您批评她了呢！

亲：没考好，当然要批评啦。老师，你也帮我狠狠地批评她一顿。

请换一种方式说话

技巧八
改变态度，避免质疑

　　教师和家长的地位是平等的；教师和家长的目的亦是一样的，都在于对孩子的成长起教育、引导和示范的作用。

　　家长不同于学生，作为成人的家长有自己的职业所在，有个人的阅历经验，而且也具备自己的教育观，因此，教师不能因为自己是教育领域的专业人员，就经常对家长的教育效果、教育态度产生质疑。在面对面沟通时，教师高高在上的态度往往会使家长产生不舒服的感觉，同时也不利于有效地解决矛盾。

　　教师应该时刻铭记，与家长交流时，要减少可能出现的一些口头禅，例如"你听懂我说的话了吗""你明白吗"。这些反问句在沟通效果上往往适得其反，一般会打击家长的自信，而且也可能使家长越来越害怕与教师沟通。

场景

　　幼儿园规定：放学时，家长凭接送卡进幼儿园接孩子。今天，有个陌生人拿着接送卡来接毛毛，教师问毛毛来人是谁，孩子说不认识，于是教师给家长打电话核实情况。

反说

　　师：毛毛妈妈，今天怎么是别人来接毛毛？虽然手上有接送卡，但是孩子说不认识啊。

　　亲：哦，老师，是邻居，我有事赶不回来接她。

　　师：学校有规定的，别人来接不光要有接送卡，同时也要预先告知老师的。

　　亲：我实在忙不过来，才让我们邻居来接的。毛毛应该认识的，卡都给了你，你让他带回家就是了。

　　师：难道我不应该和你核实一下情况吗？如果以后别人捡了卡，那也可以接小孩吗？

　　亲：老师，我又不是这个意思。

　　师：那你是什么意思？

正说

师：毛毛妈妈，今天有个陌生人来接毛毛，毛毛说不认识，出于安全问题我没让他接，现在特地来和您核实下情况。

亲：是的，我今天有事赶不回来，所以让邻居来接了。

师：我也知道您肯定有什么事耽误了，因为孩子说不认识，所以出于安全考虑，我把电话给来接的人，您再和他确认下。

亲：好的，谢谢老师。

师：另外，以后如果再遇到这样的事，您可以提前告诉我，如果情况允许的话，事先跟孩子沟通好，让他知道。今天毛毛的表现就很好，虽然他认识邻居叔叔，但是在妈妈没有告知的情况下还是没有跟别人走，这是很强的自我保护意识。

亲：好的，谢谢老师！下次一定注意。

场景

开学后,豆豆吃饭时注意力不集中,动作慢,如果不喂的话,就不好好吃饭。早上,豆豆妈妈送孩子来园时,教师和家长开展了交流。

反说

师:豆豆从开学到现在吃饭比之前差了许多,你们暑假在家里是怎么管的?

亲:孩子过暑假就让他开心一点,偶尔喂喂又没事。

师:你们偶尔喂喂,搞得现在孩子自己不愿动手吃饭了,每次都要老师喂,都已经中班了,要喂到什么时候呀?

亲:他不吃,你就别让他吃好了。

正说

师：豆豆妈妈，豆豆最近在家里的吃饭情况怎么样啊？

亲：在家里吃得挺慢的，有时候注意力不集中，非要我们喂才吃。

师：我们在幼儿园也发现了这类情况，大多数孩子过了暑假之后，行为习惯都有一个反复的过程。您回去之后也别批评他，多鼓励提醒，可以开展一些定时吃饭的行为训练，如果做得好，也给他一点奖励和表扬。我们在幼儿园也会多督促他的，只要我们一起努力，孩子一定会形成独立用餐的好习惯的。

亲：好的，老师，我们知道了，在家里我们会尝试的。

案例三

场景

英语测验时,小李把单词写在课桌上,被英语老师发现并告诉了班主任。放学时,小李妈妈来接孩子,班主任与家长开展了交流。

反说

师:小李妈妈,今天英语测验的时候,小李打了小抄,偷偷作弊。

亲:不会的!昨天晚上在家我已经帮他把英语单词都默写过一遍了,基本都过关了。他不至于做小抄的。

师:我还会骗你吗?小抄就在桌上,我带你去看下!

亲:可他在家真的能默出来。

师:你们自己说默出来有用吗?

亲:回去我揍他。

正说

师：小李妈妈，今天英语测验时，小李打了小抄，他现在也很难过。

亲：不会吧，昨天晚上在家我已经帮他把英语单词都默写过一遍了，基本都过关了。

师：小李妈妈，您对孩子的学习真的很用心，他肯定也体会得到。大概，他怕让您失望，所以才使用了不恰当的方法。

亲：现在怎么办呢？

师：记背是需要不断巩固的，遗忘是很正常的。课后我会多教他一些记单词的方法。回家后，家长也可以提醒他加强巩固训练。

亲：好的，谢谢老师！

案例四

场景

小杰最近经常不交作业,这一周已经三天没有按时上交家庭作业了。周五,班主任和小杰妈妈进行了电话沟通。

反说

师:小杰妈妈,小杰昨天作业又没有完成。

亲:老师,我问过他,他说完成了。

师:他说完成你就信了?

亲:那怎么办?

师:小杰妈妈,孩子已经初中了,简单问他一句"你完成作业了吗"有效果吗? 他现在养成这样的习惯,好吗?

亲:我们没办法。

正说

师：小杰妈妈，最近小杰学习上碰到了一些困难，这周有三天没有按时交家庭作业，这对于知识的巩固是不利的，我想和家长一起来帮他克服学习上的困难。

亲：可我们问他，他说都完成了呀。

师：看来您对他的了解和实际情况有出入。最近小杰学习的积极性不太高，无论课堂作业还是家庭作业的情况都不太理想，导致他学习退步比较明显。最近家里有什么特殊情况吗？

亲：没有，都挺正常的，学习上我每天督促他，但他也不听我的话。

师：孩子进入青春期，确实不愿意父母再多干涉他，您再细心观察一下孩子最近的整体状况如何，我们及时沟通。现在，我们可以一起和他商议制订一份学习计划，让他分析一下每天的时间分配，学会自我管理。学校里我们也会多提醒他、鼓励他，争取一起帮他解决问题。

亲：好的，谢谢老师。

案例五

场景

小刚最近学习成绩下滑,教师了解情况后知道,小刚这段时间在追剧,每天晚上都要看 2 集,教师和小刚爸爸电话沟通。

反说

师:小刚最近晚上在追剧,每天都要看更新的电视剧,导致学习退步很明显,请家长重视。

亲:我们不知道呀,他房间又不让我们进去。

师:他想干什么你们就让他干什么吗? 孩子都高二了,难道你们不急吗?

亲:怎么不急呢,他现在处在叛逆期,我们也没办法呀,麻烦老师多教育一下他吧。

正说

师：小刚爸爸，最近小刚学习成绩下滑得厉害，他似乎每天晚上都花 2 小时左右追剧，这个情况令我很担心。

亲：我们不知道呀，他房间也不让我们进的。

师：孩子已经高二了，您肯定也会担心他。今天我打电话，就是希望能和家长一起帮助他解决这个问题。

亲：他现在处在叛逆期，说也不听，还是麻烦老师多教育。

师：其实小刚还是挺明事理的，但最近的表现确实有点反常，好在及时发现了，我们一起找找原因。您不用批评他，主要了解一下他是否最近压力比较大，学习过程中需要哪些帮助。我在学校里也会跟进的，我们及时通气，争取一起帮助小刚克服困难。

亲：好的，老师。

案 例 分 析

一、传达尊重、真诚、友善的态度

在沟通的过程中,态度往往是沟通的基础,甚至在很多时候沟通的态度大于沟通的内容,真诚友善的态度会增进沟通双方的沟通意愿,促使沟通取得良好的效果。在亲师沟通过程中,教师对待家长首先要确立尊重的态度,尊重可以给家长带来良好的情绪体验,从而建立好感。同时,教师在沟通中,需要通过语言表达出真诚、友善的态度,使家长将沟通重点集中在问题解决上。

在案例一的"反说"中,教师的表达是:"今天怎么是别人来接毛毛?虽然手上有接送卡,但是孩子说不认识啊。"虽然是基于对幼儿安全考虑的客观事实,教师却没有通过语言正确且合情地表达出来,让家长感受到教师在态度上有责怪的意思,因而引发了后面的对话冲突。而在"正说"中,教师陈述了"今天有个陌生人来接毛毛,毛毛说不认识"的实际情况,并表示"出于安全问题我没让他接,现在特地来和您核实下情况",表达了教师对孩子安全问题的高度重视，不仅体现了对家长的尊重，也传递了真诚的态度。

案例五中，面对小刚学习成绩下滑、晚上追剧的情况，在"反说"中，教师的陈述是："小刚最近晚上在追剧，每天都要看更新的电视剧，导致学习退步很明显，请家长重视。"虽然陈述了事实，也使用了礼貌用语，但是教师的语气过于书面化，人为割裂了家长和教师的距离。而在"正说"中，教师说"这个情况令我很担心"，让家长体会到教师对小刚关心负责的态度，传达了足够的友善和热情，为后期沟通建立起良好的基础。

二、避免指责性的问句，将关注重点引向问题解决

孩子在成长过程中出现问题，教师在寻找原因时往往将其归结为家庭因素，在沟通过程中会对家长的家庭教育方法提出质疑，这样的表述方式，只能引发家长的对立，也会使家长质疑教师的专业能力。其实，孩子成长的问题通常是由多重复杂因素造成的，教师的质疑会让家长认为教师在推卸责任。即使是因为家庭教育因素产生的问题，作为成年人，被教师质疑也会感觉到自尊心受到了伤害。因此，在亲师沟通的过程中，教师要避免指责性的质疑，要将家长的关注重点转向学生问题的解决上。

案例二中，面对孩子暑期结束后用餐习惯退步的问题，在"反说"中，教师问家长"你们暑假在家里是怎么管的"，这明显就是一种指责性的问话。这种疑问直接将孩子习惯的退步与家长的教养方式联系起来，质疑家长教

育孩子的方法。因此，沟通的结果就是导致了家长的防御性反抗，说"孩子过暑假就让他开心一点，偶尔喂喂又没事"。而教师被家长的反抗态度激怒，提出"都已经中班了，要喂到什么时候呀"，对家长"偶尔喂喂又没事"的观点继续质疑，导致家长直接对抗："他不吃，你就别让他吃好了。"这样的沟通表达，不仅对孩子用餐行为习惯调整这一核心问题没有起到积极的应对作用，还造成教师和家长之间产生了强烈的抵触情绪，教师认为家长素质低下，家长认为教师小题大做，亲师矛盾一触即发。而在"正说"中，教师没有对家长的教育方法提出任何质疑，以询问孩子在家用餐习惯开始，让家长反思孩子的行为，并指出幼儿行为容易出现反复这一客观规律，也提出了合理的建议，将家长的关注点引导到孩子的行为改进上，表现出了足够的专业性。

三、不针对事实性问题进行反问

由于家长和教师掌握的信息不对称，当孩子产生问题时，部分家长对问题不了解，部分家长不愿意相信孩子出现了情况，也有部分家长由于能力不足不愿意面对现实，所有这些因素都可能会导致家长在沟通过程中否认事实。当家长对孩子的问题现象不接受的时候，部分教师会认为家长在袒护孩子，甚至感觉自己的专业性受到挑战，往往会使用反问句，而这些反问句的使用，不仅无助于问题解决，反而使矛盾激化。因此，教师在面对家长回避、质疑或者否认时，理解他们的感受才是最重要的。

案例三中，小李在英语测验中作弊是事实，但家长在家里帮助孩子默写过也是事实，因此，当听到教师说孩子作弊时，家长对孩子的作弊情况提出质疑。在"反说"中，教师说："我还会骗你吗？小抄就在桌上，我带你去看下！"这一反问表现出对家长质疑的不满，使家长继续强调孩子在家确实完成了默写。教师继续反问："你们自己说默出来有用吗？"持续的反问句导致家长恼羞成怒，所以家长提出回去要打孩子。这样的对话交流，让家长充满了不被信任感和挫败感，当家长把负面情绪转向孩子，只会造成师生关系、亲子关系和亲师关系进一步恶化。而在"正说"中，教师没有对家长的质疑提出反问，反而肯定了家长对孩子学习的关心态度，并且指出："记背是需要不断巩固的，遗忘是很正常的。"这一正向的回答方式解释了为什么孩子在家里能默写出来，到测验时却会因为遗忘而作弊这一让家长困惑的问题。不对客观存在的事实性问题进行反复强调，家长反而会自己发现问题所在。

案例四中，面对小杰经常不交作业的问题，家长的回答却是孩子告知已经完成了。这样的答复，其实体现了家长对孩子教育的无能为力，家长已经很有挫败感了，教师还要咄咄逼人地反问："小杰妈妈，孩子已经初中了，简单问他一句'你完成作业了吗'有效果吗？他现在养成这样的习惯，好吗？"这样的问话，会向家长传递教师强烈的不满，引发家长的抵触情绪。而在"正说"中，针对家长的回避态度，教师并没有采取反问句，仅用"看来您对他的了解和实际情况有出入"这一说法将问题进一步呈现，并且通过方法指导来引导家长加强对孩子的关注。

四、用陈述的句子表达，少用"难道"等强化语气的反问句

"难道"通过否定的问话强化语气，通常带有强烈的情绪色彩，表达出对沟通对方的强烈质疑。在教师与家长沟通的过程中，"难道这样做不对吗""难道这样的处理方式有问题吗"这类句式，潜台词是"这么简单的问题你都不能理解"，会引发家长强烈的对抗情绪。因此，面对问题与矛盾时，须表达事实和情况，而"难道……"这类反问句带有强烈的攻击色彩，教师应避免使用。

在案例一的"反说"中，当教师以指责性的反问开始时，已经引起家长反感，教师又提出："难道我不应该和你核实一下情况吗？如果以后别人捡了卡，那也可以接小孩吗？"其本意是提醒家长，关注孩子的安全是教师的职责，但是问题恰恰出在"难道……"的言语表达上，这样的问法其实是指责家长辜负了教师的一片好心，从而引发家长的对抗。而在"正说"中，教师陈述了实际情况和解决方法："……出于安全考虑，我把电话给来接的人，您再和他确认下。"这样的表述就赢得了家长的感谢，然后再进行善意的提醒，也容易让家长接受。其实，教师本身的行为是出于对孩子的安全考虑，而反问句却让好心变成了责怪。

同样，在案例五的"反说"中，教师说："孩子都高二了，难道你们不急吗？"

而在"正说"中，教师说："孩子已经高二了，您肯定也会担心他。"前者表达的是教师对家长疏于管教的责备，后者表达的是教师对家长的理解，因此会引发家长不一样的回应。

沟 通 实 战

场景一

小伟上课时注意力不集中，坐姿也不端正。放学时，教师遇到来接小伟的妈妈，和妈妈展开了对话。

师：小伟上课时坐在椅子上东倒西歪的，坐没坐相，还总爱开小差。

亲：是的呀，他在家里也是这样，做作业时总爱把脚垫在屁股下面。

师：在家里这样，家长怎么能不管呢？

亲：我回去说他，如果他还这样，老师你让他罚站！

请换一种方式说话

场景二

· ·

　　昨天晚上放学前，小浩等几个同学的作业订正还没有完成。教师在班里让同学们抓紧时间订正，当天的问题当天解决。第二天一大早，小浩家长就打电话给老师。

· ·

　　亲：老师，你昨天批评了我们家小浩，他回家很不开心。你们老师以后说话，能不能照顾下孩子？

　　师：我说什么了？我只是对全班同学说，数学作业还有谁没有订正好，要抓紧时间，不要拖拖拉拉，没订正好的尽快完成。

　　亲：我们家小孩，动作是慢，一直都很慢，但是小学老师从来都不批评他的。

　　师：现在是小学吗？孩子有问题，老师不能说吗？

　　亲：我只是拜托老师稍微注意下方法。

　　师：我教育学生的方法还需要你来教吗？

· ·

请换一种方式说话

技巧九
避争辩，忌非黑即白

世界上只有一种能赢得辩论的方法，就是避免争辩。

争辩只会使双方都更坚信自己是绝对正确的，大家的想法不会因为争辩的结果而改变，即使赢得辩论，这种胜利也是毫无意义和价值的。而且很多情况下，出现的冲突本质上是各自秉持的价值观不同。同是成年人，很难在一次短短的沟通中争辩出是非曲直。所以教师不要在一些观点上与家长发生激烈的争论，这样不但无法及时解决问题，反而使双方剑拔弩张，感到更气愤罢了。教师在与家长交谈时，一旦出现意见分歧，应重点强调且不断强化双方都同意的事情。继而强调双方都在追求同一目标，出现的分歧只是方法上的不同，而不是目标存在差异。教师应该告诉家长，教师和家长的主要目标都是促进学生更好地发展，双方只是方法不同而已，这样才会避免双方对一些小问题进行争辩，浪费沟通时间，造成无效的谈话。

场景

　　朵朵最近经常迟到,晚上,朵朵妈妈来幼儿园接孩子的时候,教师和家长进行了交流。

反说

　　师：朵朵妈妈,朵朵最近一直迟到!

　　亲：是的,早上赖床不肯起来,我们也没办法。

　　师：你们在家不能这么宠她。

　　亲：我们也不是宠孩子,只是孩子还小,听不进去。

　　师：样样都顺着她,难道还不是宠孩子吗?

　　亲：小孩子多睡会儿,又有什么大不了的。

正说

师：朵朵妈妈，朵朵这个星期迟到三次了，是有什么情绪吗？

亲：那倒没有，她早上还是很愿意来的，但就是想睡觉不肯起来。

师：孩子来得晚，有时候我们全班都出去运动了，她身体还没有调整过来，也不适合立即运动，这会影响她的健康。

亲：她早晨不肯起来，我们怎么办呢？

师：能不能说一下她在家里的情况呢，平时几点睡？

亲：她晚上要等我和她爸爸回来后才肯睡，最近她爸爸晚上回来得晚，孩子大概要到 11 点我们睡了，她才睡。

师：那看来她的作息时间需要调整，晚上的作息以安静的活动为主，争取八点半到九点让孩子睡觉。一开始可能会有点困难，入睡时间可以慢慢调整前移。早上早点叫她起床，当孩子能做到早睡早起时，要及时鼓励哦。

亲：好的，谢谢老师。

师：不客气，我们在学校也会对她准时来园进行表扬和鼓励的。

场景

最近,幼儿园举办了亲子活动,但豆豆家长没有参加。豆豆家长从来不参加幼儿园的家长课堂、家长沙龙等活动,有时候甚至会缺席家长会。晚上,豆豆妈妈来幼儿园接孩子的时候,教师和家长展开了交流。

反说

师:上周幼儿园举办的亲子活动,怎么你们家庭又不参加?

亲:幼儿园怎么又举办亲子活动了? 又是开放日又是家长课堂,家长不要上班赚钱吗?

师:怎么叫又举办亲子活动了? 我们幼儿园开展各类家校互动是为了拉近家庭和幼儿园的距离,增进亲子感情呀,只管上班赚钱,不管孩子可不行。

亲:我把孩子送进幼儿园,不就图个省心吗?

师:图省心是无法教育好孩子的。

亲:不能教育好孩子,你们幼儿园开着干什么呢?

正说

师：最近豆豆情绪有点低落，我和他沟通过了，他说别的小朋友的爸爸妈妈都会来幼儿园参加活动，但他的爸爸妈妈没来。看来上次您没有参加活动，孩子心里很难过。

亲：我们也没办法，总要上班赚钱的呀。

师：家长一定是因为工作很忙，才不能参加活动的。豆豆是个很懂事的孩子，回去安慰下孩子，我把孩子最近在幼儿园的情况和您仔细讲下，您回去好好夸夸豆豆，让豆豆知道您在关心他，他也会开心的。

亲：好的，谢谢老师。

师：以后再有活动，我尽可能提前一点时间告诉您，如果家长能安排出时间过来，豆豆一定会更开心的。

亲：好的，我们尽量参加。

案例三

场景

小杰同学的妈妈晚上打电话给老师，反映学校的伙食问题。

反说

亲：我们小杰放学回家总是说肚子饿，学校是不是伙食不好？

师：学生的午餐是统一配送的，怎么会不好呢？

亲：如果伙食好的话，那我们孩子为什么吃不饱呢？

师：其他孩子都没有问题，你家孩子是不是挑食？

亲：没有，在家他什么都吃的。

正说

亲：我们小杰放学回家总是说肚子饿，学校是不是伙食不好？

师：今天中午的菜是红烧鸭肉、青菜油豆腐、炒豆芽和番茄蛋汤。如果不够，还可以继续添，我看孩子们都吃得很香。看来小杰正在长身体，胃口不错啊！明天中午我会问小杰是否吃饱了，也许他不好意思添饭。

亲：有可能的，谢谢老师。

师：小杰有什么东西不吃吗？ 如果有特殊情况，在分菜的时候，我会让阿姨调整一下。

亲：没有，在家他什么都吃的。

案例四

场景

小周同学近期在课堂上精神萎靡,还经常打瞌睡,教师电话联系家长。

反说

师:小周妈妈,最近孩子上课精神不好,是不是晚上睡觉太晚了?

亲:天天晚上做作业都要做到 12 点,上课肯定没精神的,学校现在怎么布置这么多作业呀。

师:作业总量我们都控制的,据我所知,其他同学晚上 9 点前就完成了。

亲:他作业写得慢,我也没办法。

正说

师：小周妈妈，最近孩子上课精神不好，似乎很疲劳的样子，孩子在家里的情况怎么样？

亲：天天晚上做作业都要做到 12 点，上课肯定没精神的，学校现在怎么布置这么多作业呀。

师：孩子睡眠时间这么少，您一定很担心。班级大部分同学现在回家做作业的时间基本上是 2 小时。按照小周的学习能力和水平，做作业的用时似乎太长了，您观察下他做作业的中途是否受到其他影响，我也会在学校了解一下情况。毕竟，孩子还在成长发育过程中，充足的睡眠很重要。

亲：好的，谢谢老师。

案 例 分 析

一、不指向家长的错误，指向孩子的成长

在家校沟通过程中，教师切忌和家长展开争辩。其实，许多争辩是由教师的不当指责引发的。当孩子成长中出现问题时，教师与家长经常会开展个别沟通，而在沟通过程中，如果教师直接指出家长的错误，通常会引发家长的反抗，家长为了维护自己的尊严而进行辩解，双方的关注重点会指向家长是否有过错，从而激化矛盾，造成对抗。成年人一般不愿意自己的行为被别人评判，家长在教师面前，即使承认自己犯错，可能也只是表面敷衍教师。因此，教师在和家长沟通时，不应该直接指出家长的错误，尤其不能对家长的错误进行价值评判，而应将话题聚焦于学生成长，这样会更容易和家长达成共识，形成合力。

在案例一的"反说"中，对于孩子赖床的行为，家长表示没办法。教师说"你们在家不能这么宠她"，是直接对家长的教养行为作出了"宠孩子"的价值判断，从而引发家长的辩解："我们也不是宠孩子，只是孩子还小，听不进

去。"这样的回应其实是家长面对教师指责时的本能的防护性辩解，导致教师更加气愤，认为家长不承认错误，于是再次强调家长错误："样样都顺着她，难道还不是宠孩子吗？"教师强化自己的判断，引发家长进一步反抗："小孩子多睡会儿，又有什么大不了的。"可想而知，这场沟通的结果必然是亲师双方不欢而散。而"正说"中，教师始终没有指出家长的错误，更没有评判家长宠溺孩子的行为，而是指出孩子晚来幼儿园的不良后果，并了解孩子在家中的睡眠情况，引导家长学习如何在家培养孩子早睡早起的好习惯。"反说"不仅不利于问题解决，而且更激化了矛盾，而"正说"能有效促进家校形成合力，对孩子开展行为训练。

二、摒弃二元对立思维，不与家长争辩是非

教师具有很强的是非观念，在和家长沟通的过程中，出现分歧时往往会坚持自己的立场，也喜欢和家长争辩是非。但在现实生活中，造成教师与家长之间分歧的原因可能是多种多样的，教师和家长的价值观也无法完全一致。因此，在与家长沟通过程中，教师要摒弃二元对立的简单思维方式，将对话从争辩是非的过程中解放出来，才有利于亲师之间的真正合作。

在案例二的"反说"中，当家长没有参加孩子的亲子活动，并对幼儿园开展亲子活动产生抱怨，提出自己要"上班赚钱"时，教师表示："怎么叫又举办

亲子活动了？我们幼儿园开展各类家校互动是为了拉近家庭和幼儿园的距离，增进亲子感情呀，只管上班赚钱，不管孩子可不行。"这样的表达意味着"参与亲子活动，就是管孩子"，而"不参加亲子活动，只顾赚钱，就是不管孩子"，是将两者对立起来了。这种判断方式不仅简单机械，而且也没有考虑到家长的实际情况。家长不参加亲子活动的原因可能复杂多样，家庭的生活压力也是客观事实，教师这种简单的判断方式容易引发后续的矛盾。接着家长回复："我把孩子送进幼儿园，不就图个省心吗？"而教师认为"图省心是无法教育好孩子的"，虽然意图上是要让家长关心孩子，却又陷入和家长争辩是非的局面，将"省心"和"教育好孩子"完全对立起来，让家长觉得学校在推卸责任。而"正说"中，教师对家长未参加亲子活动没有任何质疑，充分体谅了家长的辛苦，并从安慰孩子的角度出发，让家长能多关注孩子，最后提出请家长有空参加活动的要求。这样的表达合情合理，使家长易于接受。

在案例三的"反说"中，家长说："我们小杰放学回家总是说肚子饿，学校是不是伙食不好？"教师的回应是"学生的午餐是统一配送的，怎么会不好呢"，将话题局限在学校伙食到底是好还是不好上。而在"正说"中，教师没有直接回应伙食是否好坏的问题，而是将中午的菜谱告诉家长，提出小杰正在长身体，也许没吃饱，却不好意思添饭的可能，表示第二天会关心。这样的回应方式，没有纠缠在伙食好坏的争论中，表达了对孩子成长的重视，也体现了教师的关注，容易获得家长的认可。

三、面对指责，不急于辨别责任

在面临家长指责学校工作时，许多教师的第一反应是解释、辩解，然而解释的行为通常得不到家长的理解，认为教师是在推卸责任。辩解会将教师和家长的沟通焦点聚集在"谁是谁非"上，一旦沟通涉及区分是非和责任，就形成了对立。

在案例四中，家长对孩子天天晚上都要做作业做到 12 点的情况表示不满意，提出了"学校现在怎么布置这么多作业呀"的质疑。对此，教师回答："作业总量我们都控制的，据我所知，其他同学晚上 9 点前就完成了。"虽然陈述的是事实，但在辩解的同时已经表达出学校没有责任，过错都在孩子和家长身上的意思，造成了家长和教师的对立。而在"正说"中，教师既通过"孩子睡眠时间这么少，您一定很担心"来回应家长情绪，也将"班级大部分同学现在回家做作业的时间基本上是 2 小时。按照小周的学习能力和水平，做作业的用时似乎太长了"这一事实用客观分析的方式表达出来，更通过"孩子还在成长发育过程中，充足的睡眠很重要"表达了对孩子的关心。教师在回应中没有对家长的指责做刻意的辩解，而是将家长的注意力集中在孩子做作业用时过长这一实际问题上。

沟通实战

场景一

··

　　小 A 这两周来已经三次不交作业了，问他原因，他总说忘了做。为了解决这一问题，教师打电话给小 A 爸爸，向他反映小 A 的情况。

··

　　师：小 A 家长您好，您孩子最近经常出现不做作业的现象，我想跟您反馈这个情况。

　　亲：作业不是学校的事情吗？

　　师：家庭作业是要求学生回家完成的，需要你们家长的督促。

　　亲：现在他的作业我又看不懂，而且我每次问他作业完成了没有，他都说做好了，我也不知道原来他没有做。

··

请换一种方式说话

场景二

- -

老师发现同学们下课时都远离小李，问班长原因，班长告诉老师，小李给同学起绰号，还在背后说别人的坏话，所以大家都不愿意和他玩了。放学时，家长来接小李，老师将这一情况告诉了家长。

- -

师：小李他总是说别人的坏话，给同学取绰号，同学们都很不喜欢。

亲：老师啊，他就是喜欢开同学玩笑，我相信他不是坏孩子。

师：这根本就不是开玩笑的问题，你觉得孩子这样没有问题，但到社会上可能就不行了。

亲：我们孩子行不行，也不是你说了算。

- -

请换一种方式说话

技巧十
不说教，建设性指导

　　很多教师喜欢说教；有些教师不仅喜欢说教孩子，有时也会连带说教家长。对于孩子在学校出现的问题，有些教师就会将其延伸到家长那边，甚至可能指责家长不负责任或没有给孩子做好模范带头作用。家长作为成年人却还被教师当面说教，极易伤害家长的自尊和自信。因此，当出现任何问题时，教师不能简单地教育家长"你这样做是不对的"，而是要找出症结，让家长知道自己教育的弊端在哪里，然后给予家长具体的、可操作的建设性指导建议，让家长可以从这些建议中感受到教师的专业能力，并掌握专业、科学地教育孩子的知识，从而和教师站在一起携手培育孩子。

案例一

场景

豆豆妈妈早上到幼儿园送孩子时,向教师提出游泳请假的要求。

反说

亲：老师,今天豆豆游泳请假一次,他起床后哭到现在,说不想游。

师：其实坚持游泳对孩子来说是很好的,他一哭闹你们就顺着他,以后怎么培养他的良好习惯呢,希望家长在家里再做做工作。

亲：没办法,我们一直跟他说,可这孩子就是不听。

师：样样都顺着孩子可不好。

正说

师：早上好，豆豆今天怎么了？好像不太开心。

亲：为了游泳的事，闹了一早上，说不想游，我们今天请假一次，不游了。

师：原来是这样，最近游泳课程进入闷水阶段，大部分孩子因为不适应都会出现恐惧的心理，除了几个胆子特别大的男生。

亲：哦，那怎么办呢？

师：在家可以准备一个脸盆，让孩子把头慢慢没入其中，或者洗澡的时候刻意给他头上淋点水，让他慢慢适应这种感觉。今天游泳课我也会让教练更关注豆豆，给他一些单独指导。

亲：好的，老师，那我们回家试试。

师：好的，在家训练时你们的态度尽量温和一点、有耐心一点哦，不要操之过急，过了这个阶段就会好的。

亲：谢谢。

案例二

场景

嘟嘟最近午餐吃得很慢,嘟嘟妈妈晚上到幼儿园接孩子时,教师与家长开展了交流。

反说

师:嘟嘟妈妈,他吃饭真的太慢了!

亲:我知道,头疼到现在,也没办法。

师:家长要好好教育的呀,在家没有做好规矩,在幼儿园就不肯好好吃,家长不能纵容他。

亲:我们知道了。

正说

师：嘟嘟午餐吃得慢，饭菜全凉了，对肠胃不好。而且吃得慢，餐后马上午睡也不利于消化。为了他的健康，我希望和你们一起解决这个问题。

亲：我也发愁，在家里对他软硬兼施，但效果不明显。

师：能否说下他在家里的用餐情况呢？

亲：家里是老人带嘟嘟的，怕他吃得慢，所以经常喂他，有时又怕他饿，会给他吃零食。

师：建议和老人多沟通，不要喂饭，鼓励孩子独立进餐；用餐时最好有仪式感，激发他想吃的愿望；可定好进餐时间，比如放沙漏，暗示进餐时间；在下一顿正餐前，即使饿也不能给他吃零食；他如果吃得快，我们在学校里也会及时表扬他，让我们一起帮助嘟嘟培养良好的用餐习惯吧。

亲：好的，谢谢老师。

场景

小杰情绪易冲动，好几个同学都被他打过。今天下午，因为同学走路时不小心碰了他，小杰就打了那位同学。对此，教师和小杰爸爸电话沟通。

反说

师：今天小杰在学校又动手打同学了，这种事情已经发生不止一两次了，他好像有点暴力倾向啊。

亲：啊，又打人了，我在家也常常教育他，可孩子就是改不掉。

师：他这种坏习惯要害他一辈子的，家长在家要教育他友爱同学，少欺负同学，学会自我控制。

亲：知道了，我回去收拾他。

正说

师：今天下午，由于同学走路时不小心碰了他，小杰就打了那位同学。这种事情已经发生不止一两次了，我担心再这样下去他可能会打伤别人，也可能会伤到自己，而且长此以往，同学们也不愿意和他交往了。

亲：啊，又打人了?! 我在家也常常教育他，可孩子就是改不掉。

师：其实小杰是个热情的孩子，但与人发生矛盾时，会情绪失控，通过动手来解决问题。

亲：那怎么办呢？

师：家长在家里可以和他探讨下，当情绪激动时，有哪些方法可以缓解；也可以设计不同的场景，做一些训练，遇到各类矛盾时，怎样用语言解决问题。当孩子能克制自己的脾气时，我们一起给他鼓励，只要加强训练和引导，孩子一定会有所改变的。

亲：好，我回去试试看。

场景

小刘上地理课时画漫画，没有认真听课，地理老师收掉了她的画，要求班主任好好教育小刘。班主任还未来得及问小刘具体情况，晚上小刘妈妈打电话问班主任，说孩子情绪不太好，是什么原因。

反说

师：今天小刘上地理课时不听课，在画画，地理老师把她的画收掉了。

亲：原来是这样。

师：上课画画会影响小刘的正常听课效率，而且地理课也是很重要的一门课，请小刘妈妈多重视。

亲：下次老师再发现就撕掉她的画吧。

正说

师：今天小刘上地理课时不听课，在画画，地理老师把她的画收掉了，她可能心里难受。

亲：原来是这样。

师：小刘的画已经在我这里了。孩子在绘画上有特长，这是好事，以后我也会在班级里让她发挥特长；家长在课余时间，也可以支持她绘画，给她一定的兴趣发展时间，但要和她约定不影响正常学习，遵守课堂纪律，我们都会支持她的……

亲：好的，谢谢老师。

案例五

场景

小秦同学期中考试成绩退步明显,班主任在课间看到他在玩手机游戏。据其他同学反映,小秦每天晚上都要花好几个小时打游戏,现在游戏打得非常好。家长会后,班主任和小秦爸爸进行了交流。

反说

师:小秦的学习成绩退步明显,据我了解,现在孩子在手机游戏上花的时间太多了。

亲:我们也说过他好几次了,跟他说不要玩手机了。他说知道了,可还是会偷偷地拿出来玩。

师:孩子现在是高中了,这是他人生发展很重要的阶段。如果把时间花在手机上,那么学习精力必然不够,现在不抓紧,以后就跟不上了,你们一定要好好管他。

亲:我们也打过、骂过,真的拿他一点办法也没有。

正说

师：小秦这次考得不理想，家长一定也比较着急。最近他在手机游戏上花的时间蛮多的，他在家实际使用手机情况如何呢？

亲：我们是不让他玩手机的，但是说了也没用，孩子大了，拿他也没办法。

师：孩子高中了，一味禁止的方法确实容易激起逆反心理，小秦现在需要的是学会自我控制。家长可以引导孩子做一个自我管理的计划，比如学习的时候把手机放在外面，每天先完成作业再玩一会儿游戏，同时用定时的方式，控制游戏时间。这次考试，小秦主要是英语和地理的成绩下滑明显，我们老师会帮助他进一步优化这两门学科的学习方法。以后他学有余力的话，我会推荐他参加一些人工智能项目的社团活动。只要我们一起合作，孩子一定会有进步的。

亲：谢谢老师。

案 例 分 析

一、避免说教

说教只是空洞、机械、枯燥地讲道理，带有训诫的性质，往往会引发听者的反感。教师在与家长沟通过程中，很容易将自己面对学生时教育内容和方式复制给家长，而家长作为成年人，对教师说的道理基本都有清晰的认知，即使双方认知有差异，家长也不太愿意接受外人的训诫，因此，说教是最无效的沟通方式之一。教师与家长沟通时要清晰地认识到，家长需要的不是道德说教，而是具体的方法指导。

在案例一的"反说"中，当豆豆妈妈向教师提出游泳请假的要求时，教师表示，"其实坚持游泳对孩子来说是很好的，他一哭闹你们就顺着他，以后怎么培养他的良好习惯呢，希望家长在家里再做做工作""样样都顺着孩子可不好"，这是显而易见的道理，即使教师不说，家长也知道。但因缺乏对年幼孩子的教育方法，教师的简单说教除了让家长感到反感和焦虑外，起不到任何实际效果。而"正说"中，教师首先介绍了游泳课程的进展情况，用实际状况揭示了孩子恐惧的可能原因，又告知家长会让教练单独关注，让家长放心，更给予家长如何在家里对孩子进行适应性活动的指导，这些要比单纯说教的效果更好。

在案例二的"反说"中，针对孩子用餐习惯不好的现象，教师说"在家没有做好规矩，在幼儿园就不肯好好吃，家长不能纵容他"，这样并没有解决如何改变孩子用餐习惯不好这一实际问题，既是单纯空洞的说教，也是对家长的指责。而"正说"中，教师对孩子的在家用餐习惯进行了解，并对家长如何开展用餐习惯给予针对性指导，这样才能切实实现家园共育的合力。

二、指导要具体、可操作

当孩子出现问题时，教师往往会对家长提出改进的目标要求。但家长不是教育专业人员，对于孩子问题行为的矫正缺乏的不是目标，而是具体的方法和策略。教师应该利用自己的专业优势，对家长提出专业性的建议，使家庭教育指导的内容具体化。尤其是教师要根据孩子的实际情况和家庭特点，提出家长可以实施的具体操作要点或基本步骤，为家长的家庭教育提供详细、清晰的操作化引导。

案例三中的情况在小学阶段有一定的普遍性，几乎每个班级都有情绪控制能力较差、喜欢动手打人的孩子。"反说"中，教师告知家长"这种坏习惯要害他一辈子的"，这只是简单说教；而让家长在家要教育孩子友爱同学，少欺负同学，学会自我控制，既是说教，也是简单的目标要求。小杰在交往中不会合理表达情绪、喜欢动手是客观事实，教师单单提出要求无法改变小杰的现状，反而会让家长对小杰的错误感到无能为力，只能通过自己打孩子来解决问题。也就是说，教师的简单要求可能会促进孩子对家长的行为模仿——动手打人，从而加剧小杰的情绪控制问题。而"正说"中，教师提出："家长在家里可以和他探讨下，当情绪激动时，有哪些方法可以缓解；也可以设计不同的场景，做一些训练，遇到各类矛盾时，怎样用语言解决问题。当孩子能克制自己的脾气时，我们一起给他鼓励……"引导家长在家庭中开展认知调整、行为训练和评价激励，使家长的关注点从孩子的问题转向如何矫正孩子的问题行为，提供了针对性强、可操作化的建议。

三、指导要有建设性，能促进学生发展

建设性是指对事态的正常发展有促进作用。教师在与家长的沟通过程中，建设性的指导体现在对孩子的问题给予切实的转化引导，让孩子在家长的帮助和支持下达到行为转变，实现健康成长。同时，教师也应该意识到，问题是教育契机，亦是教育资源；教师可以在问题中发现孩子的成长空间，顺势引导，促进孩子更好地发展。

案例四中，小刘上地理课时没有认真听课，却在画画。"反说"中，教师提出："上课画画会影响小刘的正常听课效率，而且地理课也是很重要的一门课，

请小刘妈妈重视。"家长面对这样的情况，所能采取的行动最多也是说教孩子要认真听课，没能解决孩子喜欢画画而不喜欢地理课这一实际问题。"正说"中，教师没有就不专心上课而画画这件事进行说教批评，反而建议家长支持孩子的兴趣发展，并和孩子商定认真学习的要求，使孩子尝试自我管理。班主任还提出要让孩子在班级研学项目中手绘地图，既保护了孩子兴趣发展的积极性，同时也将孩子对绘画的兴趣迁移到地理学习上。在学生时代，良好的兴趣不仅促使孩子发展特长，更有利于孩子专注力、积极性和成就感的提高。兴趣发展与学业能力不是对立的，关键在于教师和家长的教育引导。"正说"中，教师做了专业的积极引导，给其他教师做了一定程度的榜样示范。

案例五中，小秦同学由于每天花大量时间玩手机游戏，导致期中考试成绩退步，这一现象在学生群体中普遍存在，沉迷于手机游戏而影响学业的情况困扰了大量的家长和教师。"反说"中，教师强调高中是孩子人生发展很重要的时段，把时间花在手机游戏上会影响学习，这些道理不仅教师知道，家长和孩子也同样知道。孩子在网络游戏中能获得巨大的成就感，而在现实生活中，学业带来的往往是巨大的压力，因此，越来越多的孩子沉迷于网络游戏，大多数家长都无力转变孩子的网络成瘾行为。"正说"中，教师充分认识到孩子的心理特点并且建议家长通过契约方式引导孩子自主管理，同时，针对孩子的薄弱学科提出改进设想，更针对孩子在网络游戏中的优势，提出了让孩子尝试人工智能项目学习的可能性。这样既为孩子的发展弥补不足，引发自我管理和改进，更指出了新的发展方向，实现了建设性指导。

沟 通 实 战

场景一

　　劳动委员反映，小 A 连续两周晚上轮到值日扫地时跑掉了，其他值日同学只好代他打扫，都很有怨言。第一次，劳动委员和小 A 说了之后，他答应下次留下来打扫，但结果还是跑掉了。老师找小 A 谈话，小 A 说扫地又不是什么大不了的事，自己没时间扫地。老师通过电话向家长反映情况。

　　师：小 A 同学连续两个周三没有进行值日生劳动了。

　　亲：这点我们倒是不太清楚。

　　师：值日工作也是学习生活的一部分，在所有学生都有劳动义务的前提下，他这样做是懒惰自私的行为，请家长及时教育纠正。

　　亲：好的，我们知道了。

请换一种方式说话

场景二

··

　　小明同学最近作业情况不好，经常不做，即使交了作业，也会漏做。老师和小明沟通，他答应按时完成作业，但还是没有做出实际改变，教师约家长到校面谈。

··

　　师：多门学科的家庭作业要么不做，要么就是漏做。

　　亲：他最近很叛逆，我管不了他。

　　师：这样下去不行的，按时完成作业是每个学生最起码要做到的，也希望家长能配合教师完成学校工作。如果每位家长都像你们这样，教师的工作就开展不下去了。

　　亲：知道了。

··

请换一种方式说话

后记

　　教师是学校与家庭建立合作伙伴关系的关键人,是学校主动开展家庭教育指导服务的执行者。在相当大程度上,教师的家庭教育指导素养和能力,决定了一所学校家校关系的健康与否,亦深深影响着家校合作的有效程度。

　　两年前,为满足中小幼教师家庭教育指导专业水平提升的需求,上海市教科院普教所家庭教育研究与指导中心成立课题组,从学校教师的工作特点出发,研究编撰了既有理论支撑又有实训内容、符合学校家庭教育指导工作特点和要求的一套四册的教师读本:《教师家庭教育指导实务》(学前版)(小学版)(初中版)(高中版)。这套丛书的出版,直接服务于中小幼教师的家庭教育指导专业培训,在全国范围内起到了较好的示范和引领作用。

　　丛书出版两年来,我在日常的科研工作中也不断深入学校一线,听取教师对该丛书的反馈意见。教师的心声既传达了他们对丛书的赞许,也表达了他们更多的期待。教师们普遍反映,在"沟通与交流""策划与组织""指导与引领""应对与干预"这四大家庭教育指导能力中,他们更在意且不擅长的是沟通与交流能力。沟通是基本功,亦是家常活,家校沟通是常规家校合作的重点和难点。一些教师表示,明明知道家校沟通很重要,但是在实际工作中,惯有的沟通思维和语言习惯有时会阻碍现场的沟通效果,她们形象地说道:"我知道要好好说话,可是有时候'臣妾'就是做不到啊!"

在家校合作研究范畴,家校沟通以及教师层面的亲师沟通是一个小之又小的研究问题,但却是教师日常工作中实实在在的难点。是否可以给教师提供一本传递家校沟通知识和技巧的读本?是否可以用通俗易懂的案例向教师直观呈现沟通的技巧和效果?这些疑惑最终化为我们的思考和探索,并撰写了这样一本以亲师沟通的技巧为主旨内容、以亲师沟通的正反对话为表述形式的教师读本。全书以人际沟通的十个技巧为主线,串起了三十多个带有幼儿园、小学、中学学段特征的亲师沟通案例,所有的沟通对话都采用一反说一正说的表述方式,以对比的形式给予教师最直观的学习体验。

为了避免问题的雷同和虚假,在前期的问题调研阶段,我们的团队还在"上海市郊区小学优秀班主任研修班""上海市郊区初中优秀班主任研修班"和"上海市嘉定区班主任工作坊"三个教师群体中开展了广泛的意见征询。这样大范围的意见征询让我们及时掌握了鲜活的案例素材。团队对各种案例素材进行分析、整理、归类,最终圈定了各自学段关于学习、生活习惯、行为表现等有代表性的沟通话题。为了让教师进一步理解沟通技巧,我们在每个技巧的沟通案例后面都附上了针对技巧的点评和建议,并给出了供教师学以致用的实战训练题。

书中所有的写作素材、对话案例均来源于教师生活,非常真实,直接反映了亲师沟通的困惑。我相信一些对话片段会勾起教师朋友们的工作记忆,会引起大家的共鸣和回应。也特别希望当教师面临亲师沟通困境时,本书呈现的知识和技巧能够提供一些帮助。

虽然全书的研究问题很小,册子很薄,却凝聚了紧密联系学校一线工作的四位作者的心血。全书由上海市教科院普教所家庭教育研究与指导中心郁琴芳老师总体策划、设计与统稿,并撰写了导言部分;来自上海市浦东教育发展研究院的孙永青老师撰写了技巧一、二和四；来自上海市嘉定区教育学院的陆春晔老师撰写了技巧三、五、六和七；来自上海市普陀区教育学院的王萍老师撰写了技巧八至十。感谢上述三位来自区域教育学院的资深教研员，他们一直是区域家庭教育指导的中坚力量，为全书的成型贡献了重要力量。也特别感谢教育部普通高校人文社会科学重点研究基地北京师范大学教师教育研究中心副主任、北京师范大学教师教育研究所所长宋萑教授欣然应允为本书作序！最后，由于时间仓促及认识上的局限，文稿的不足在所难免，望读者朋友不吝赐教。

亲师沟通，有"道"又有"术"，讲究沟通的"术"就一定需要有灵魂的"道"的引领。所有纸面上的技巧，也都需要教师们用心在工作实践中加以运用与创新。真心希望这本教师读本能够成为教师们的案头书，为教师日常的亲师沟通解忧、助力！也希望教师们活学活用，在亲师沟通的实践中不断总结经验、提炼技巧，不断丰富该读本的内容！

"道""术"相济，沟通美好！

郁琴芳

于庚子春